MONGOOSE THINK

蒙格斯智库

蒙格斯拐点丛书

公平指数构建

暨贫富差距研究

朱小黄　林　嵩　张光利　张微林
罗　英　谭庆华　王　丹　付正文
著

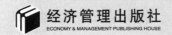

经济管理出版社
ECONOMY & MANAGEMENT PUBLISHING HOUSE

图书在版编目（CIP）数据

公平指数构建暨贫富差距研究/朱小黄等著 . —北京：经济管理出版社，2018.12
ISBN 978-7-5096-6151-2

Ⅰ.①公… Ⅱ.①朱… Ⅲ.①贫富差距—研究—中国 Ⅳ.①F126.2

中国版本图书馆 CIP 数据核字（2018）第 258028 号

策划编辑：李玉敏
责任编辑：李玉敏
责任印制：黄章平
责任校对：赵天宇

出版发行：经济管理出版社
    （北京市海淀区北蜂窝 8 号中雅大厦 A 座 11 层　100038）
网　　址：www. E-mp. com. cn
电　　话：（010）51915602
印　　刷：北京玺诚印务有限公司
经　　销：新华书店
开　　本：787mm×1092mm/16
印　　张：10. 25
字　　数：155 千字
版　　次：2018 年 12 月第 1 版　　2018 年 12 月第 1 次印刷
书　　号：ISBN 978-7-5096-6151-2
定　　价：72. 00 元

　　人类社会的发展存在许多微妙的规则。在财富的创造与分享中，一个明显的悖论是：没有差异则没有动力，而差异太大，就会产生破坏力。我们相信任何社会治理形态都需要寻找一个贫富差距适当的阈值，以保持社会前进的活力和动因，但又要小心防范贫富差距过大而失去公平。维护差异与公平之间的平衡是各种社会活动家、政治家、企业的责任，更是经济学家的责任。本研究就是基于经济学的努力。

　　公平和贫富差距问题具有很强的现实意义。改革开放40年以来，随着科技进步和全球化进程的推进，我国的经济获得了飞速发展，人民群众的生活水平有了显著提升。不过，在经济发展的同时，社会公平和贫富差距问题已经成为亟须正视的现实问题。基于中国宏观公开数据和微观调查数据，本书构建了中国贫富差距指数，实证研究了贫富差距对经济和社会问题的影响。通过分析，我们发现中国贫富差异程度日渐严重，而且贫富差距指数对经济增长的影响存在三个拐点：差异拐点（0.2）、黄金拐点（0.463）及破坏拐点（1）。贫富差距指数与GDP增长率的差异拐点出现在2000~2001年之间，当贫富差距指数在0.2以下的低值区时，绝对平均造成动力不足，高于0.2时差距的动力效应开始显现。贫富差距指数对GDP增长率的黄金拐点对应的时间在2006~2007年，即指数为

0.463，贫富差距在这个水平左右对经济增长率的拉动作用最强。通过分析贫富差距指数对经济总量的影响，发现贫富差距在2015年左右对经济总量存在破坏拐点，即指数为1。超过该拐点的贫富差距将对经济总量的增长产生破坏性抑制作用，经济增长带来的财富将更加集中于富人阶层，财富分化更加严重，贫穷人口会有日益强烈的被剥削感，缺乏合作精神和工作动力，有可能造成经济衰退。2018年我国贫富差距指数预期高达1.214，已超过破坏拐点。

　　基于对贫富差距、法律公平、社会文化公平和金融公平的讨论，本书最终构建了以贫富差距为核心的蒙格斯社会公平指数。这一公平指数显示，随着我国经济的发展，社会公平程度已经出现明显的下滑。这一点尤其值得政策部门积极关注，目前世界上所谓的乱局都是公平失衡的折射。

目录

图目录

表目录

引　言

中共十九大报告指出，我国社会主要矛盾已经转化为人民日益增长的美好生活需要和不平衡不充分的发展之间的矛盾。这充分体现了中国特色社会主义进入新时代后呈现的新特征、面临的新任务和新挑战。从当前我国经济社会形势的发展来看，人民群众所面对的发展不平衡不充分问题具体表现为城乡之间、地区之间、行业之间和社会阶层之间等方面的差距逐渐拉大。其实质问题正是本研究所探讨的公平和贫富差距问题。

一、财富分布是关于公平的社会公约数

美国哲学家桑德尔（Michael J. Sandel，2012）在《金钱不能买什么》一书中曾写到，商业社会中公平有时很难界定。市场按照顾客购买的能力和意愿来分配物品，而排队则根据排队等候的能力和意愿来分配物品。排队的伦理"先到

先得"有一种平等主义的诉求，但并非适用于所有场合。如果将排队市场化，比如可以以某种价格买到排队的号码，这时公平就模糊了。因此我们并没有理由假定，某项原则应当在任何场合决定对所有物品的分配。

在当代经济学家和伦理学家的眼中，公平一般被认为属于价值分配范畴，亦即各种价值应当如何在人与人之间分配的问题。大致来说，可分配的社会价值可以分为两类：一类是实现人生价值的政治法律前提，即人的各种基本权利；另一类是实现人生价值的经济物质条件，即各种财富和收入。关于前一类价值的公平分配，现代社会基本持相同观点，主张这一类价值的分配应当遵循平等原则，即每个人应当平等地拥有相同的基本人权。因此，公平问题归根结底可以看作是第二类可分配的社会价值即财富如何分配以达到公平的问题。无论是自由主义者、平等主义者或者是功利主义者，每一个人从自身立场出发都会有自己的公平观，但是财富的分布是关于公平的社会公约数。所以，从财富的角度看公平是最具有观察价值的方法。

贫穷是财富的对立面。要看清楚人性，你就要研究贫穷。贫穷像化石一样保留了人类在丛林时期的自私与残忍。贫穷是一种历史现象，贫穷是恶的根源，邪教、黑帮、传销等问题皆根源于贫穷。从人性上讲，对物质财富的渴望是人类骨子里基因中具有的信仰。虽有贫穷也是种"财富"的说法，但珍贵的绝不是贫穷本身，而是那些足以战胜贫穷的精神和品质。而财富的对立面却不仅是贫穷，还有贫富差距。纵观人类历史，贫富差距由来已久，特别是伴随着私有制的产生，贫富差距问题更加明显，而且其对社会的影响也更加突出。贫富差距的存在符合一般经济规律。经济学经典证明市场是配置资源、获取财富、合理分配的最佳制度设计和理想情景，而市场分配的原则是按生产要素分配，个人的禀赋和能力不同自然形成收入的差距，家庭和出身不同自然形成初始财富的差距。虽然市场经济下贫富差距有其必然性，但社会应该为贫穷者改善生存条件，并为其保留阶层进步的空间，这就需要有有效的福利制度等各种公共财富。以公共财富弥补个人财富的不足，使贫富差距保持在合理范围内，才能促进整个社会的普遍发展和进步，实现社会总体公平。

二、贫富差距的动力与破坏力

实现共同富裕是我国社会主义的奋斗目标，但共同富裕不代表同步富裕。在我国生产力水平较低且发展不平衡的条件下，不承认差异的同等富裕，常常导致共同贫穷，社会主义实践中的"大锅饭"做法也充分证明了这一点。共同富裕是人民群众的物质生活条件整体提高的前提下，承认有差别的富裕，而不是人民群众收入同时同步同样增长；承认合理范围的贫富差距，而不是平均主义或是两极分化。那么何为贫富差距的合理范围？要回答这个问题，首先要对贫富差距对社会发展的动力和破坏力有充分的认识。

没有差异则没有动力，而差异太大，就会产生破坏力。适度的贫富差距能够起到调动劳动者积极性的作用，没有差异的社会就会失去社会进步的动力和社会运行的活力，但超过一定限度的贫富差距将带来较严重的社会后果。贫富差距的动力和破坏力是人类在财富创造和分享中的微妙规则，这其中也包含着资源配置与效率改进、理性与非理性假设的经济学原理，以及社群心理和两极分化的社会学解释。

（一）没有差异则没有动力——"帕累托效率"理论

现代经济学上所说的效率通常是指"帕累托效率"（Pareto Efficiency）。如果经济中没有任何一个人可以在不使他人境况变坏的同时使自己的情况变得更好，那么这种状态就达到了资源配置的最优化，也即帕累托最优或"帕累托效率"。基于"帕累托效率"理论，绝对平均主义或差异过小造成的动力不足现象可以从两个角度解释。

一是"帕累托效率"理论含有"没有浪费资源"之意。劳动、土地、资本、技术等生产要素的收益率根据其稀缺性和供求关系，本应各有高低，但在差异不足的经济运行体系中，各种资源因为体制机制的强行约束，均只能获得相同或相近的收益率，必然不能引导资源有效配置，造成资源浪费。

二是差异不足的经济体系存在巨大的"帕累托改进"空间。"帕累托改进"指如果一个人可以在不损害他人利益的同时改善自己的处境，他就在资源配置方面实现了"帕累托改进"，也因此提高了整个社会的经济效率。差异不足的经济体系往往是"共同贫穷"的低效率体系，在不损害其他人利益的情况下，如果一部分掌握稀缺生产要素的人"先富"起来，就是"帕累托改进"，整个社会效率也会因此提升。然而问题在于差异不足的社会往往坚持平均主义，不鼓励"先富"，故而失去了"帕累托改进"的空间和社会发展进步的机遇。

（二）适度的差异带来动力——"X效率"理论

传统经济学有"理性人"假设。基于该假设，在财富创造过程中，个人总是付出百分之百的努力做出使企业利润最大化、社会财富最大化的行为。然而，现实世界中个人的主观能动性千差万别，排除天生禀赋的差异，个人的努力程度对个人工作效率、企业生产效率、社会运行效率都起着十分关键的作用。

美国经济学家利本斯坦（H. Leibenstein, 1966）通过大量实证研究发现，企业组织能力、员工工作态度等方面的因素对一家企业的效率影响非常巨大，而诸如努力的因素具有不确定性，就像是一个未知数，所以将这种效率定义为"X效率"（X-Efficiency）。

在"X效率"理论中，个体呈现"有选择理性"，努力程度高低起伏。个体对理性的选择取决于其受到的压力水平，当压力水平较高时，个体就更多地选择理性行为；反之，则更多地选择非理性行为。压力既可以来自于个体内部原因，也可以是市场外在压力作用于内在要素起作用。而贫富差距是决定个人努力程度的重要市场外在压力。适当的贫富差距给个体带来压力，使个体更多地选择理性行为，理性的行为带来较高的努力水平，在有限的资源情况下，提高生产效率，增加社会的总产出，实现资源的优化配置，促进社会经济的发展。

（三）过度的差异带来破坏力——"相对剥夺感"理论

针对贫富差距的负面影响，美国社会学家斯托弗（S. A. Stouffer，1949）提出了著名的"相对剥夺感"（Relative Deprivation）理论，该理论认为，随着贫富差距的不断扩大，贫穷人口会有日益强烈的被剥削感，缺乏合作精神，各个社会群体之间相互敌视、对立。随着经济的不断发展，部分经济水平较差人群的经济状况并没有得到改善，该部分劳动者对改革和社会制度产生怀疑与不满，进而引发社会动荡。同时，过度贫富差距将导致两极分化问题，富人越富，穷人越穷，其带来的心理效应，催动富人对穷人的戒备和穷人对富人的仇视，产生社会人群价值观和心理倾向的分裂。这种社会结构极不稳定，最终将束缚整个社会的发展与进步。

三、如何破解悖论

没有差异就没有发展动力，但差异越大社会破坏力越大，终将毁灭发展成果。这是人类社会面临的挑战性最强的风险，也是发展与差异的悖论。如何找到维持这个悖论的微妙平衡，减少这个悖论带来的发展不确定性，是对人类智慧的严峻考验。悖论是一个值得研究的经济学和风险原理问题。悖论是命题或推理中隐含的思维的不同层次、意义（内容）和表达方式（形式）、主观和客观、主体和客体、事实和价值的混淆，是思维内容与思维形式、思维主体与思维客体、思维层次与思维对象的不对称，是思维结构、逻辑结构的不对称。悖论根源于知性认识、知性逻辑（传统逻辑）、矛盾逻辑的局限性。产生悖论的根本原因是把传统逻辑形式化、把形式逻辑普适性绝对化，即把形式逻辑当作思维方式。所有悖论都是因形式逻辑思维方式而产生，是形式逻辑思维方式发现不了、解释不了、解决不了的逻辑错误。所谓解悖，就是发现、纠正悖论中的逻辑错误。

如何解悖十分重要。在这个差异所形成的动力与破坏力的悖论中，被掩饰的元素是贫富双方的共同愿望，只要双方在财富的分享中都处在受益地位，这个悖论就只是一个形式逻辑趋势而不是实际发生的冲突。美国哲学家罗尔斯（John B. Rawls，1971）在《正义论》中提出了两个正义原则："第一正义原则即每个人对与所有人所拥有的最广泛平等的基本自由体系相容的类似自由体系都应有一种平等的权利。第二正义原则即社会的和经济的不平等应当使它们在与正义的储存原则一致的情况下，适合于最少受惠者的最大利益；并且依系于在机会公平平等的条件下职务和地位向所有人开放（机会的公平平等原则）。"其中第二原则可看作是合理的不平等的分配原则，体现的是在不平等社会状况下寻求最大平等的道德理想。在罗尔斯看来，一个社会应当努力避免那些境况较好者对境况较差者福利的边际贡献是负数，境况较好者与境况较差者的利益差距越大，境况较差者的状况就越差，这种状况不是一种正义的安排。因此，对于发展与差异悖论，其趋势的稳定需要社会治理结构能够抑制过分的富裕和过度的贫穷，使贫富差距处于合理范围。在社会发展动力上持续保持足够的力量，而又使社会破坏力限制在社会承受能力之内。

所以，无论任何理由下，过大的贫富差距都是没有理由的。"朱门酒肉臭，路有冻死骨"虽然是一种文学煽情，但显然是社会不公平的写照。贫穷会带来很多麻烦，很大的破坏力，"贫贱夫妻百事哀"，只是家庭的生活悲情，"贫贱社会百事闹"的负能量便是社会动荡的根源。良性的社会治理结构要从法律制度、文化观念、金融公平、道德修养等诸多方面认真保护社会财富，既要保护公共财富，更要保护私人财产，既要保护富人的法律权益，又要筑高贫穷的底线。以差异推动社会进步，以公平抑制社会动荡。富人要承担更多的社会责任，对财富的享有既要有道德节操，也要有法律边界，不能为所欲为。穷人也要承担相应的社会责任，同时享有应有的社会福利，对公平的追求要遵守法律的底线，不能以道德突破规则。

四、社会公平

社会公平是社会学家、经济学家关注的重要社会现象。目前学术界并没有对社会公平的概念达成一致，但社会公平基本是指对社会利益和资源的配置以及对这种配置是否合理的主观价值评价，它反映的是整个社会资源在社会中个人之间、群体之间、个人与群体之间的分配是否均衡合理的问题。

孔子曰："不患寡而患不均，不患贫而患不安。盖均无贫，和无寡，安无倾。"公平总是相对的，绝对公平是不存在的，在寡与均的关系中，寡是不公平的根源。平均主义会使整个社会丧失前进的动力，但公平的失衡也将成为社会进步的约束力。人类历史就是财富不断累积的历史，所有社会问题都根源于财富与社会公平。由于资源禀赋、制度环境等因素的影响，各个国家的财富程度存在很大差距。在发展中国家、欠发达国家等转型社会中，居民相对比较贫穷，贫穷的居民更加渴望公平，然而真正的公平往往在社会财富达到一定规模之后才能实现。在资源相对匮乏的环境下，对生存资源的争夺往往会使社会行为突破公平的藩篱；另外，在转型国家中，利益格局的调整和变动更加激烈，在制度不完善的背景下，极易产生"富者越富、贫者越贫"的马太效应，社会财富分配将逐渐失衡。从现实情况来看，贫富差距构成了社会公平结构的重要方面，贫富差距的扩大将逐渐导致社会公平的失衡。基于中国宏观公开数据和微观调查数据，本书构建了中国贫富差距指数，实证研究了贫富差距对经济和社会问题的影响，并指明差异的合适程度和过度幅度，定位贫富差距对社会发展的动力基础向破坏力基础转换的"拐点"。

除了贫富差距之外，居民社会文化公平、法律公平、金融公平也构成了社会公平的重要方面。社会公平的失衡不仅影响到微观方面居民的生活幸福感受，而且对整个社会的发展与进步也具有抑制作用。本书将以我国居民贫富差距作为社会公平的重要组成部分，并结合社会文化公平、法律公平、金融公平构建我国社会公平指数——蒙格斯社会公平指数。该指数是对中国社会公平程度的一种综合描述，通过研究中国社会公平程度的演进和变化过程，警示社会矛盾的激烈程度，以促使社会治理者真切重视贫富差距过大和社会公平失衡问题，采取适当的措施改变某些公平失衡的现状。

第二章

公平与贫富差距的拐点分析

一、关于"拐点"

　　"拐点"是经济学中经常被提及的概念，其中最为著名的"拐点"为"刘易斯拐点"（Lewis Turning Point），该拐点是指在工业化进程中，随着农村富余劳动力向非农产业的逐步转移，农村富余劳动力逐渐减少，最终达到瓶颈状态，这个拐点是劳动力过剩向短缺的转折点。"拐点"与经济学中均衡的概念紧密联系，而且"拐点"往往出现在经济学中的均衡点上。从事物变化阶段的轨迹来看，可以将"拐点"视为抛物线中的一个时点，基于对历史数据的观察建立相关实证模型，并基于此找到该"拐点"。这个过程既对历史做了分析，也对未来的变化趋势做出预判。因此，拐点研究的本质是对事物不确定性的特殊形式的研究，既是一个深刻的经济学问题，也是一个社会学问题，同时也是对未来风险成本的预测。

蒙格斯系列拐点是对宏观经济主要指标的拐点研究体系,不仅是对中国经济社会的观察,也可用于对全球经济社会的评估。具体到本书,贫富差距和社会公平对经济增长及社会发展具有动力和破坏力两种效应。贫富差距对经济增长的动力效应何时开始显现?什么范围的贫富差距最有利于经济增长?避免贫富差距对经济社会发展产生破坏力的底线又在哪里?这些问题都可以通过研究贫富差距不同阶段的"拐点"予以回答。通过分析贫富差距的"拐点",能够进一步厘清其对经济增长、社会发展的影响,也能够增强对其本身的认识程度。

二、贫富差距的根源

贫富差距在世界各地状况不一,贫富差距与政治、经济、社会因素互相交织、互相影响。贫富差距的变化及问题的凸显需要较长时间,因此厘清贫富差距的根源,才能对贫富差距问题进行系统梳理,加强对贫富差距和公平失衡背后的深层次因素的理解和把握,以更开阔的视角看待中国历史上贫富分化问题的变迁,以更科学的方法进行贫富差距对经济增长的拐点分析,以更透彻的思路提出解决问题的建议,从而更好地指导当今社会发展。

贫富差距的根源在于某些生产要素的收益率大于其余生产要素的收益率,财富不断向着持有高收益率生产要素的人群集聚。当今,资本、劳动、技术和制度是经济学界较为公认的四种生产要素。居民的收入根据其占有的生产要素基本可以分为资本收益、劳动者报酬、技术收益和转移支付收入,其中,转移支付通常作为政府调节收入分配差距的工具,因而一般不会带来贫富差距的扩大,所以带来居民收入差距的因素主要是资本收益、技术收益和劳动者报酬。可从以下三方面细化贫富差距的根源:第一,资本和技术收益率远高于劳动收益率。首先,根据皮凯蒂(Piketty,2014)的分析,资本收益率的增长远远高于劳动收益率的增长,特别是当经济增长到相对停滞阶段,持有较多资本的群体只需投入原有财富的一小部分，资本收益就能超过经济增长所带来的社会平均收益，从而提高资本收入占整个国民收入的比重，同时减少劳动收入的比重，这表明贫富差距在变大、公平失衡在加剧。其次，在智能化时代，劳动与资本、技术三者之间会形成前者与后两者的差异，公平失衡将会更加凸显（朱小黄等，2018）。第二，再分配制度的不完善也拉大了收入分配差距。国民收入分配中投资收入比例过高，政府的收入增幅和比例过高，公共财政再分配用于医疗、教育、文化等有关民生的投入不足，金融与房地产等虚拟经济以及影视和演艺等娱乐事业收入畸高等问题突出，再分配制度调节贫富差距的作用未能有效发挥。第三，由计划经济向市场经济转型过程中的制度缺陷等非市场因素也对贫富差距推波助澜。有些高收入者或是利用了政府某些不合理倾斜政策和尚不完善的政策漏洞，或是官商互补开展寻租行为，或是依靠自然垄断或行政性行业垄断的优势，使得本应该由全民所有的制度生产要素，变为某些人的特权，获得巨额收益。

从现有研究来看，造成贫富差距的因素可以细分为以下几种：

（一）区位资源要素差异

全球资源分布并不是均匀的，有些地区资源丰富，而有些地方却资源匮乏，资源丰富程度与人们的财富获取有十分密切的关系，例如，中东地区因为石油储量丰富，人均收入跻身世界前列。资源要素的差异，决定了地区的经济发展模式和人口经济收入来源。虽然现代社会中也有一些贫瘠的地区创造出了属于自己的奇迹，但是绝大部分自然条件恶劣的地方仍处于贫穷状态。

（二）地理区位差异

近代鸦片战争以来，清政府每每战败于西方列强，签订的条约皆被要求开放沿海港口，甚至被要求割让沿海领土，西方列强看重的正是这些地方的地理位置优越性。优越的地理位置和交通条件往往使得一个城市乃至一个地区成为经济中心，从地理区位的分隔往往能看出地区经济发展的地理边界。经济发达地区人们的财富与经济不发达地区存在明显的差距。同时，经济发达地区的劳动工资和利润更高，吸引了更多的人才和资金流入，从而进一步促进了该地区的发展，也更有利于人们财富的增加。经济不发达地区的情况正好相反。中国明显的东部、中部和西部的划分，能够粗略勾勒出经济发展的阶梯式情况。中国改革开放以来采取的不平衡区域发展战略，导致了国内经济发达地区和不发达地区之间居民劳动收入和财富的巨大差距。

（三）经济发展阶段差异

库兹涅茨（Simon S. Kuznets，1955）提出的"库兹涅茨假说"表明经济发展情况和居民收入不平等之间存在"倒 U 型曲线"关系，即随着一国收入水平的上升，收入分配差距将趋于扩大；当经济水平达到较高程度时，收入差距将开始缩小。此后对于该问题虽存在很多分歧，但很多研究都表明经济发展阶段确实会影响贫富差距。经济结构的合理性以及经济增速与经济制度匹配程度都会在财富分配上有所反映。以中国为例，改革开放初期我国处于社会主义初级阶段，生产力水平有限，故而邓小平提出了经典的"先富带动后富"的政策。

（四）经济体制与市场体系差异

工业革命后资本主义开始逐渐兴起，市场经济也随着亚当·斯密（Adam Smith，1776）"看不见的手"而逐渐扬名。随着各国特别是欧美经济的快速发展，贫富差距问题也变得愈加突出，其中，资本家和工农民众的贫富差距尤为突出。有的经济学家认为这是市场本身的弊端，也有经济学家认为这是市场化不足的结果。这样的争论在中国同样存在，张维迎、吴敬琏等知名学者也发表了各自的看法，展开过激烈的辩论。中国改革开放以来，逐步建立完善社会主义市场经济体系，经济发展非常迅速。在这个过程中，市场经济体制建设并不是一开始就十分完善的，市场体系也是如此，在经济转型中贫富差距拉大也是必然的。同时，经济体系中部门之间的不平衡也会导致贫富差距。经济体系的主导部门能得到更多的政策倾斜和资本投资，成为带动经济增长的主要引擎，故而其工资水平和回报也相对于其他部门更高，如我国信息业和金融业的薪资水平远高于其他行业。另外，在有些经济部门垄断现象较为严重，使得处于垄断地位的行业和企业收入过高。

（五）分配制度与再分配制度差异

我们时常在新闻中看到国外罢工现象，表面上看这些罢工多是为了提高某种职业的薪酬和保障，其实这背后隐含着关于社会财富分配制度的考问。分配制度的差异决定了财富的不同流动方向，同时也体现了社会保障体系的完善程度。分配制度的合理和完整有助于促进财富增加，分配制度在某方面的缺失就会给人以投机的空间。血汗工厂的存在除了道德伦理因素之外也是企业经营者利用制度漏洞的体现。再分配制度也是影响贫富差距的重要方面，税收制度是最为重要的再分配方式，它是调节个人收入、遗产等个人财富的重要手段，但是国内的税收调控体系尚不完善，遗产税、赠与税并没开征，不利于缩小贫富差距。

（六）教育水平差异

"再苦不能苦孩子，再穷不能穷教育"，朴素的话语反映出人们对于教育的重视，读书改变命运的说法和例子也作为佳话广为流传。教育投资和个人教育程度对于个人收入的影响是被广泛验证的。教育投资是从宏观层面观察一个国家教育资源的投入情况和分配情况，而个人教育程度则是微观层面个人自身的受教育程度，在群体中教育程度对于收入的影响无论从短期还是长期来看都是巨大的。就我国教育资源地区分布来说，明显集中于经济发达地区和大城市，教育资源的不平衡加剧了地区间的贫富差距：落后地区教育资源的匮乏使其丧失通过教育、人才、技术摆脱贫穷的希望，深陷贫穷落后的泥沼而丧失分享社会进步成果的希望。就个人教育程度来说，受教育程度低不仅影响其本身收入，更重要的是，由于教育观念或是教育投入限制，其后代受教育程度也会受到影响，这就造成了贫穷通过教育进行"代际传染"，进而造成贫穷的"固定化"和"阶层化"，这与"让人民群众共享发展成果"的初衷背道而驰。

（七）灰色收入因素

中纪委及各地检察机关查处的小官大贪的案例让社会公众非常吃惊，比如一位小科长，在基层管理岗位上，贪污受贿可以超过千万元。实际上，还有许多未暴露在法律阳光下的灰色收入，隐形地拉大了贫富差距。在发达国家经济体制各项制度尤其是税收制度较为完善的情况下，灰色收入在整个国家财富面前并不重要。而在中国从计划经济转型到市场经济，经济体制和各项制度仍在不断完善的背景下，贪污受贿、偷税漏税、侵吞国有资产等非法手段，以及权钱交易等灰色收入拉大了居民的贫富差距。除此之外，在转型国家中，权力与资本结合产生的非市场化租金也是贫富差距扩大、利益集团固化的重要原因。

（八）城乡二元结构与科技进步因素

中国社会和经济的二元结构深刻地影响着国内生产、生活和社会形态的各个方面，这种二元结构主要体现为城镇社会和农村社会两大部分，也是工业生产和农业生产的区别。这种生产方式的二元结构，更深刻地表现为人们的思维方式和生活方式的差异，形成了城市和农村的二元利益集团。随着经济改革的进行，出现了城乡间的贫富二元结构，城乡二元结构从户籍制度、公共服务等方面加剧了中国的贫富差距。另外，随着科技的发展，科技与资本结合产生了极大的财富增长效应，对于没有原始资本积累的非高端劳动者，他们与拥有资本和拥有智力（受过较好教育）劳动者的贫富差距进一步扩大，并有可能产生新的二元结构。随着新旧二元结构叠加和固化，二元结构两端的贫富差距也将加重和不可逆转。

综上所述，在目前社会治理的历史条件下，无论中国还是其他国家，贫富差距是一种客观经济现象和难以消除的社会结构。企图消灭差异只是一种幼稚的"乌托邦"式的想法，利用差异杠杆，推动社会进步，防范差异过大，确保社会财富结构相对稳定、均衡、公平，才是国家治理的正确方向。

三、研究意义

本研究报告基于经济学和社会学思想以及拐点的分析方法，探究有关公平、贫富差距、经济发展和社会稳定等方面的关系。从人类进化的视角来看，人类的发展历程实际上就是财富积累的过程，即在生产力和生产关系不断发生变迁的过程中通过改进工具提升技术在有限的时间内积累物质财富。在财富迅速积累的同时，贫富差距成为牵动人们心理和行为范式的重大社会现象。

（一）贫富差距在全世界普遍存在

在全世界范围内，贫富差距是普遍存在的，但由于政治、经济、自然等因素的差异，各个地区的贫富差距呈现出迥然不同的情况。人们普遍习惯使用基尼系数来评判一个地区的贫富差距程度，0.4（1.00 分制）的警戒线也为大众所熟知，因而本书也采用基尼系数来初步衡量世界范围内的贫富差距情况。从图 1 中 2013 年各国基尼系数比较来看①，欧洲特别是东欧和北欧的贫富差距程度相对于其他地区来说更小，这与欧洲地区长期以来的民主、平等思潮有密切关系，欧洲国家的左派政党在各国也有相当大的影响力。虽然近年来以玛丽娜·勒庞为代表的极右翼势力兴起，但这并不会彻底改变欧洲现有的财富分配格局。另一方面，拉丁美洲和加勒比地区贫富差距最为显著，这与拉丁美洲和加勒比地区的地

---

① 资料来源于世界银行。

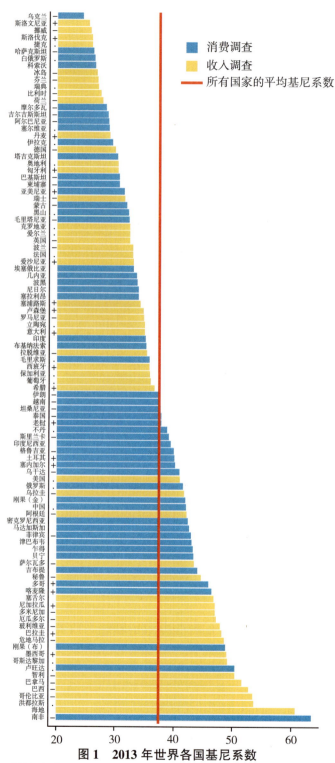

图1　2013年世界各国基尼系数

资料来源：世界银行。

区局势和历史因素脱离不开。此外，非洲地区的贫富差距也非常大，虽然非洲一直是全球最重要的扶贫对象之一，但非洲的资源情况、地理位置以及社会制度，既不利于经济发展，也不利于财富合理分配。总体来看，发达国家的贫富差距情况要好于发展中国家。进一步分析地区间贫富差距的原因，发现人力资本积累的差距、就业机会、创造收入机会以及税收和转移支付等都是不可忽视的因素。

在全球化日益深入和经济快速发展的今天，各个国家通过不同手段发展经济时，必须要关注与财富增长相生相伴的财富分配问题。在财富增长的同时，建立公平的社会制度，缩小财富分配的过大差距，是现代国家治理的核心问题，也是人类文明的主流精神。在探讨公平和贫富差距问题时，应当突破政治和国际局限，建立跨越国家和历史的基础治理模式和理念，形成人类财富分配的共同价值观，促进一国及全球范围内政府对公平失衡的重视并采取相应措施，推动人类社会形成公平基础上的命运共同体，这正是本研究的初衷。

（二）中国贫富差距水平高于世界平均水平

在世界银行的测算中，中国的基尼系数超过世界平均水平，处于全球中下游。图 2 显示了中国国家统计局公布的 2003~2016 年全国居民人均可支配收入基尼系数（左图）和世界银行公布的 1984~2014 年发展中国家长期基尼系数（右图）。由图 2 可知，中国改革开放后贫富差距一直在扩大，2009 年后有所下降，但仍处于贫富差距较为严重的水平。同时，国内外研究表明，中国基尼系数测算中由于隐形富豪和灰色收入的缺失导致了基尼系数的低估。例如，王小鲁（2007）指出，隐性收入和灰色收入是基尼系数扩大的助推器，若考虑这两种收入基尼系数将大大高于国内外专家和学者计算的 0.47~0.5 的数值。另有研究表明，中国的财产性差距要远远大于收入差距。例如，王一鸣（2011）的研究结果表明，我国城乡居民财产差距已经明显大于居民收入差距。李实（2014）认为，财产以及财产性收入对于财产差距、贫富差距的影响是深远的，当前我国呈现出财产性分布差距大于收入分配差距的现状。考虑到国家统计局公布的收入基尼系数均位于 0.4 的警戒线之上，财产差距更要引起警觉。

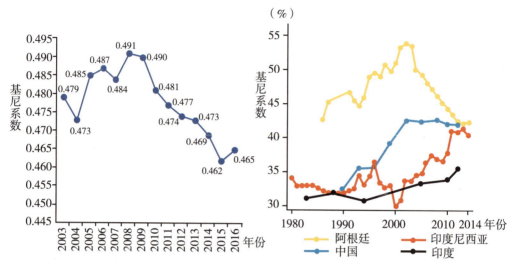

图 2　中国国家统计局（左图）和世界银行（右图）测算的基尼系数

资料来源：中国国家统计局和世界银行。

（三）贫富差距问题处理不当将影响经济发展和社会稳定

亚里士多德在《政治学》中曾对公平和社会稳定有如下表述："内讧是阶层诉求异化的产物，是由要求'平等'的愿望这一根苗生长起来的"（吴寿彭（译），2013）。虽然各个阶层所坚持的正义和平等的观念各不相同，但若对作为公平的社会公约数的贫富差距问题处理不当必将影响经济发展和社会稳定。

1. 贫富差距扩大影响经济发展

对于新兴经济体而言，贫富差距的扩大往往发生在经济高速增长时期，这就容易让人产生错觉，似乎贫富差距越大越有利于经济增长。这是逻辑上因果关系的倒置。经济高速增长带来的发展成果由于体制机制的不完善不成熟，并不是按照贡献程度合理地分配到每个社会成员的手中，而是向少数富裕阶层和权力阶层集聚，造成贫富差距的扩大。实际上，高速发展的"增量"经济在某种程度上掩盖了贫富差距问题，当潮水退去，真正的贫富差距会触目惊心地呈现在世人眼前。

但是，从长远和实质来看，贫富差距的无限制扩大必然会损害经济发展，这种损害表现在对经济发展的动力和结构等诸多方面的负面影响。在动力方面，收入分配差距过分扩大，掌握大部分财富的少量富人在各种消费需求轻易得到充分满足之后，便把剩余的大部分收入转化为储蓄和投资，收益率高的行业比如房地产容易受到富人的青睐，某种程度上助推了房价飙升，影响了刚需群众满足居住需求。而广大的贫穷阶层虽有大量的消费需求却没有消费能力，亦缺乏有效的投资选择，贫富差距遏制了经济增长的动力。在结构方面，地区、行业和城乡之间的贫富差距进一步引导优势生产要素包括资金、技术、人才等向收益率高的地区、行业和城市集聚，造成结构性的经济发展失衡，贫富差距进一步拉大。

2. 贫富差距扩大对政治有重大影响

当全社会财富分布差距达到一定程度后，富裕阶层将越来越多地掌握制定社会规则的话语权，其制定的规则也越来越向富裕群体倾斜。原本向贫穷阶层敞开的社会上升通道也被堵死，贫穷阶层会逐渐被固化，在要求改变阶层时会产生严重的破坏力。从历史的经验来看，王朝之间的迭代本质上就是财富分配不公，导致了严重的贫富差距，引发了农民起义或变法运动。以史为鉴，贫富差距引发的阶层固化进而导致的政治动荡应当成为社会治理者警惕的关键指标，可以说对贫富差距问题的处理决定了一个时代经济和政治的走向。

2008年金融危机后贫富差距的扩大导致人们对平等和公平的诉求格外高涨，这也明显体现在了世界各国的政治议题上。在韩国的选举中，以公共政策为主导的选举策略体现了这一点，其他东亚国家也有类似情形。在南美洲，委内瑞拉由"天堂"滑向"深渊"的过程也与贫富差距密切相关，委内瑞拉严重资源依赖型的增长模式造就了巨大的贫富差距，进而滋生了民粹主义（Populism）思潮，

"查韦斯主义"大行其道。在美国 2016 年总统大选中，举着"美国第一"、承诺减税、支持制造业的特朗普成功当选，而固守传统政治正确的希拉里则意外落败。贫富差距让广大不富裕阶层的政治诉求不再执著于人权、自由等意识形态方面，这类情绪的蔓延使得发达国家右翼政党、贸易保护主义的趋势愈加明显。

四、研究设计——比基尼系数更懂中国的公平指数体系

（一）贫富差距的现有测量体系

如何度量贫富差距是我们准确刻画贫富差距的理论意义和现实影响的基础，也是我们明晰贫富差距实际情况的最重要途径。一般来说，地区间居民贫富差距的度量常常使用人均 GDP 差异和基尼系数，而区域内部贫富差距的度量常常使用基尼系数和泰尔指数。上述测度贫富差距的统计操作集中于居民收入差距，具体测量可以分为比例型方法、离散系数型方法和集中度方法。

1. 比例型方法

比例型方法重点观察人口比例与对应的收入份额之间的关系，具体有库兹涅茨比例，即将被调查的居民分组，取各组人口份额与其相对应的收入份额之差绝对值的总和的一半；绝对份额比例，即把人口按照收入从低到高排序后，将人口等分成 N 组，以某个 N 等分人口所占有的收入份额作为收入分配不公平程度测度指数；分位点比率测度指数，即将收入从低到高排序后，以某高分位点所对应的收入除以某低分位点的收入得出的一个比率测度指数；洛伦兹曲线（Lorenz Curve），即在一定区域范围（如一个国家）内，从最贫穷的人口计算起一直到最富有人口的人口百分比与对应各个人口百分比的收入百分比的点组成的曲线。

2. 离散系数型方法

离散系数又称变异系数，是统计学中常用的统计指标，主要用于比较不同水平的变量数列的离散程度及平均数的代表性，离散系数指标有全距（极差）系数、平均差系数、方差系数和标准差系数等。常用的是标准差系数（CV），即一组数据的标准差与其相应的均值之比，是测度数据离散程度的相对指标，其作用主要是用于比较不同组别数据的离散程度。

3. 集中度方法

集中度方法包括基尼系数和阿特金森指数。基尼系数是基于洛伦兹曲线提出的判断分配平等程度的指标，是指在全部居民收入中，用于进行不平均分配的那部分收入所占的比例。基尼系数又分为收入基尼系数和财富基尼系数，财富基尼系数往往显著大于收入基尼系数。阿特金森指数是测度收入分配不公平指数中明显带有社会福利规范看法的一个指数。阿特金森指数关键是计算出一个等价敏感平均收入，其定义为如果每个人享受到了这样一个等价敏感收入时的社会总福利等于收入实际分布时具有的社会总福利值。

（二）贫富差距之外的社会公平维度

除了财富的公平之外，法律的公平性、社会文化的公平性、金融的公平性也是影响社会公平的重要因素，本书也选取这几个重要的维度来综合衡量社会公平程度。

1. 法律的公平性

法律公平性影响了人们对社会公平性的直接感知，当人们需要伸张权利或者保护自身利益时，需要公平的法律制度予以保护。法律公平性体现在政策及立法情况、犯罪率情况、社会治安状况、司法公正情况、法律援助情况和权利救济情况，本书的法律公平指数部分采用信访总量、审结一审案件总量、再审结案总量、治安案件查处总量四个维度进行衡量。

2. 社会文化的公平性

社会文化的公平性影响居民的受教育权、民族主义感等方面，对整个社会的稳定和发展产生重要影响。本书从自然灾害、人口流动、社会治理、民族政策和教育资源五个方面考察社会文化的公平性，并将其纳入社会公平指数。

3. 金融的公平性

金融的公平性对现代社会中居民的生活和生产具有重要的影响，金融的公平性主要涉及金融规模、金融效率、金融结构和金融创新及大众对金融服务的获得性等方面，金融的公平性构成了度量一个社会公平程度的重要方面。

基于上述描述，本书将以分析测度贫富差距为主，在此基础上将法律的公平性、社会文化的公平性、金融的公平性纳入分析框架，形成度量中国社会公平性的指数——蒙格斯社会公平指数。

（三）蒙格斯社会公平指数为何比基尼系数更懂中国

相较使用广泛的基尼系数，蒙格斯社会公平指数有如下优越性：

1. 多角度测度贫富差距，揭示结构性贫富差距问题

基尼系数主要是从包括收入和财富在内的收入端衡量贫富差距，然而收入差距并不是贫富差距的决定要素，Hung-Hao Chang（2012）的研究表明，消费差距比收入差距更能有效地代表贫富差距。彭定赟和陈玮仪（2014）的实证分析指出，消费差距反映出的贫富差距不同于收入差距所反映的，因此，应完善贫富差距的指标体系，从而更加准确地评价真实的贫富差距水平。蒙格斯社会公平指数综合考虑收入法、支出法和存量法，多角度测度贫富差距。同时，与主要用于比

较不同国家或地区贫富差距的基尼系数相比，蒙格斯社会公平指数结合宏微观数据，可区别同一经济体内城乡、省份、收入阶层间的贫富差距和公平失衡状况，这对于揭示我国特有的城乡间、地区间、中高低收入阶层间的结构性贫富差距具有重要现实意义。

2. 多维度测度社会公平，全面考察社会公平情况

基尼系数本质上是对收入和财富分布不平等的衡量。财富分布确实是公平的社会公约数，但中国仍处于城市化、工业化和国际化进程中，各种体制机制、规则秩序仍处在不断完善阶段，社会公平失衡远不仅存在于财富分布方面。蒙格斯社会公平指数充分考虑了上述情况，加入了法律、社会文化、金融等除财富分布外影响社会公平的几个关键维度，是对中国公平问题的更综合更全面的研究刻画。

3. 动态刻画贫富差距和社会公平的变化路径

基尼系数不能反映各个收入组的动态变化。基尼系数是某个时点上各个收入或财富组之间差距的加总平均，是计算居民收入或财富差距的静态指标，而不能反映各个收入或财富组动态变动的情况。蒙格斯社会公平指数不仅比较不同人群之间的横向收入或财富差距，而且还利用面板数据追踪不同人群内部收入状况的动态变化，达到动态监控的效果。

本书的后文安排如下：第三章讨论了贫富差距指数的构建，第四章分析了其他公平指数的构建，第五章分析了贫富差距与经济增长的拐点，第六章阐述了贫富差距对其他社会问题的影响，第七章提出了缩小贫富差距促进社会公平的相关政策建议。

贫富差距指数构建与数据分析

在本书所构建的公平指数中，贫富差距指数是其最重要一环。针对贫富差距的现象，我们从微观和宏观两个层面开发了居民贫富差距的测量指标，并且使用微观层面的中国家庭金融调查数据库以及宏观层面的分省份居民财富数据，分别对中国当前社会贫富差距的统计分布进行了描述性的分析。后续章节我们将对数据进行更加深入的挖掘，从多个视角展开分析，基于宏观和微观数据构建中国居民财富总指数，并阐述居民财富指数对居民行为、居民幸福感、社会稳定等方面的影响。

一、微观层面的贫富差距指数

（一）指标构建

从理论上分析，居民财富包括两部分：以劳动收入为代表的流量财富和以储蓄、住房为代表的存量财富。因此，可以从收入的维度测算居民的流量财富，从存量的角度测算居民的存量财富。另外，生命周期理论认为人力财富和家庭财富直接影响了居民的消费支出（Ando and Modigliani，1963），而且财富对居民消费支出存在正向影响在理论和实证研究中基本不存在争议（李涛、陈斌开，2014）。所以，在支出的维度上测算居民在支出方面的差距也非常有必要。

1. 收入法指标

微观层面的收入法指标体系如表1所示。

表1 收入法指标体系——微观数据

一级指标	二级指标	三级指标及对应题项
劳动收入	工资及补贴收入	税后工资：A3020；补贴和实物收入：A3023
	其他劳动收入	税后奖金：A3022
经营性收入	经营净收入	农业生产毛收入：B1005；农业生产总成本：B1012；工商业营业收入：B2003b；工商业净利润：B2003c
财产性收入	利息收入	债券利息收入：D4111；基金利息收入：D5109；金融衍生品收入：D6116；金融理财产品收入：D7112
	股息与红利收入	股利或分红收入：D3117
	保险收益	商业人寿保险分红：F6106；商业养老保险分红：F6306；商业财产保险分红：F6404
	其他投资收入	非人民币资产：D8106；黄金：D9105
	出租房屋收入	出租房屋收入：C2002d
转移性收入	养老金或离退休金	离休工资：F1022；退休工资：F1025；企业年金：F1028；养老金：F1005
	社会救济收入	政府补贴：H2002
	保险收入	医疗保险报销：F2020；失业保险金：F3005；商业人寿保险本金返还：F6108；商业健康保险赔付：F6204；商业养老保险金：F6308；商业财产保险赔付：F6406；其他商业保险收入：F6503
	其他转移性收入	转移性收入：H1004a/b/c/d/e

2. 存量法指标

中国家庭金融调查数据中关于家庭资产的数据较为翔实，本书将调查数据中的存量财富进行归类，分为七类存量财富，分别是储蓄存款、股票价值、债券价值、基金价值、金融理财产品价值、房产价值和汽车价值。因此，微观层面的存量法指标体系如表2所示。

表2 存量法指标体系——微观数据

一级指标	二级指标	三级指标及对应题项
储蓄存款	活期存款和定期存款	活期存款：D1111；定期存款：D2117
股票价值	所持股票价值	股票价值：D3109
债券价值	所持债券价值	债券价值：D4103
基金价值	所持基金价值	基金价值：D5107
金融理财产品价值	所持金融理财产品价值	期货价值：D6106a；权证价值：D6110；其他金融衍生品价值：D6115；银行理财产品价值：D7106a；其他金融理财产品价值：D7110
房产价值	所持房产价值	房产价值：C2016
汽车价值	所持汽车价值	车辆价值：C7009

3. 支出法指标

我们根据微观数据中有关居民支出的指标，增加了四级指标，从而更加细致地刻画居民的支出行为，如表3所示。微观数据的支出法指标体系与区域支出法指标体系基本保持一致。中国家庭金融调查数据还提供了微观受访者的个人特征数据，其中对本书有价值的信息包括居民来自农村还是城市、居民工作所处行业、居民房产价值变化等方面，可以根据这些特征数据，比较农村和城市的贫富差距、不同行业财富差异以及房地产市场发展对居民贫富差距的影响。

表3 支出法指标体系——微观数据

一级指标	二级指标	三级指标	四级指标及对应题项
消费性 支出	食品	伙食费	食品：G1001
	衣着	购买衣物	衣着：G1011、G1011a、G1011b
	居住	住房装修、维修或扩建、暖气费	住房装修扩建：G1012； 暖气费：G1013； 水、电、物业：G1005
	家庭设备用品及服务	购买彩电、冰箱、洗衣机等家庭耐用品的支出	家庭耐用品：G1014； 日用品：G1006； 家政服务：G1007
	医疗保健	医疗方面的支出、保健支出	所有医疗方面的支出（不包括保健）：F2019； 所有保健支出（不包括医疗支出）：G1019
	交通和通信	电话、网络等通信费、本地交通费	交通费：G1008； 通信费：G1009
	教育文化娱乐服务	教育、培训、旅游支出	文化娱乐：G1010； 教育培训：G1016
转移性 支出	捐赠支出	红白喜事，非家庭成员的教育、医疗、生活费支出	转移性支出：G2004
社会保障 支出	个人交纳的养老基金	养老金缴纳费用	社会基本养老保险缴费：F1008； 新农保缴费：F1016； 企业年金缴纳：F1029； 商业养老保险保费：F6302
	个人交纳的住房公积金	住房公积金缴纳费用	住房公积金缴费：F4005
	个人交纳的医疗基金	医疗保险费用 （包括商业保险）	医疗保险缴费：F2004； 商业人寿保险保费：F6110； 商业健康保险保费：F6203
	其他社会保障支出		商业财产保险保费：F6403； 其他商业保险保费：F6502

一级指标	二级指标	三级指标	四级指标及对应题项
住房性支出	购房支出	购买房屋开支	其他支出：G3003
财产性支出	财产性支出	购买股票、债券等其他金融资产的支出	其他支出：G3003

（二）数据分析结果

1. 各地区之间的贫富差距分析

首先，我们分析了不同方法之间的相关性，如表4所示，发现存量法与支出法的相关性非常高。

表 4　财富测量方法间相关系数

	收入法	存量法	支出法
收入法	1		
存量法	0.1054	1	
支出法	0.1672	0.4509	1

居民收入和居民存量财富、居民支出之间相关性不高，这说明单从居民收入角度衡量居民贫富差距是片面的。居民支出是其财富总量的函数，这与日常认知和研究发现一致。通过比较居民支出来刻画居民贫富差距更加全面也更具说服力。同时，存量法与支出法的相关性非常高，表明居民存量财富对于比较居民贫富差距是有意义的，也是不应该忽视的。

如图3所示，通过比较依据收入法计算的2011年中国部分省份财富均值的调查数据，发现绝大部分省份财富均值处于 10000~30000 元之间，超出这个范围的分别是广东、四川、浙江、上海、北京、安徽，低于这个范围的只有河北和重庆。其中最高的是广东和四川，财富均值达到 63000 多元，是最低的重庆的收入法财富均值的 7 倍有余。这与我们传统意义上的对各省份经济发展水平的认知不符。一方面，这可能与数据调查过程的样本选取等因素有关；另一方面，也说明了单纯地用收入法衡量贫富差距的局限性。

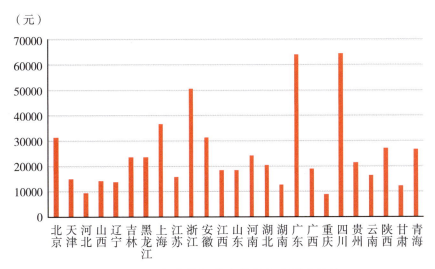

图3　2011 年中国部分省份收入法财富均值

如图 4 所示，用存量法计算的 2011 年中国部分省份的财富均值表现出与收入法计算不同的结果。首先，大部分省份存量法财富均值在 20000 元之下。其次，北京、上海、广东、浙江等省份的居民财富最高，其中北京拔得头筹接近于110000 元，是存量法财富均值最低的甘肃的 28 倍。各省份在存量法财富均值的表现与我们感受到的城市经济发展水平一致。这也说明存量法衡量居民财富的重要性和客观性。

如图 5 所示，结合收入法和存量法来计算各省份财富均值数据。首先，大部分省份处于 20000~40000 元的水平。其次，北京、广东、上海、浙江四省市人均财富最高突破了 100000 元，这与收入法计算得出的人均财富最高的省份为广

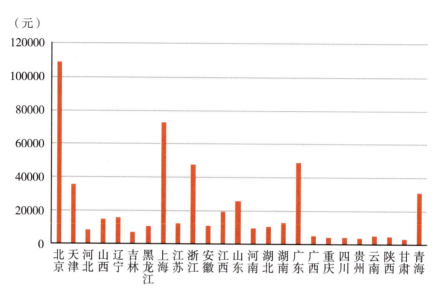

图 4　2011 年中国部分省份存量法财富均值

东、四川、浙江、上海有一些不同。最后，收入法+存量法计算得出人均财富最高的北京是人均财富最低的重庆的 10 倍左右，这个差距比存量法计算要缩小很多。

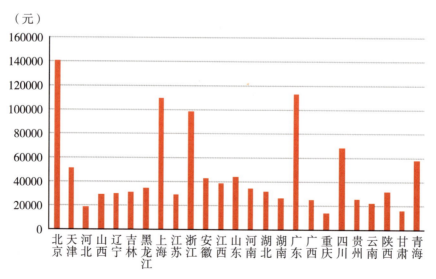

图 5　2011 年中国部分省份收入法+存量法财富均值

按照支出法计算得出的 2011 年中国部分省份财富均值如图 6 所示，由图 6 可以看出，大多数地区财富支出水平处于 10000～25000 元之间，同时北京、青海、广东、浙江地区的人均财富支出最高，与存量法财富数据更接近一些。人均财富支出接近于 30000 元的北京同样是最高的，而重庆是最低的，前者是后者的 4.3 倍左右。总体来说，人均财富支出差距相对要小一些，反映出的情况更相似于存量法财富和收入法加存量法财富的数据。

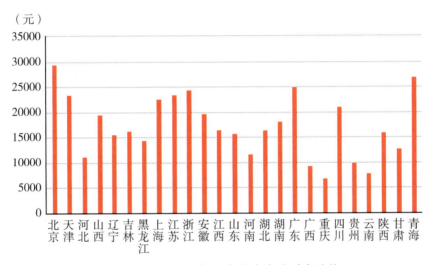

图 6　2011 年中国部分省份支出法财富均值

图 7 描绘了支出法、收入法和存量法分别计算得出的 2011 年中国部分省份财富均值情况。从三种方法衡量居民财富的一致性来看，河北、辽宁、江西、湖南、重庆、青海等地区三种方法财富变动关系一致。在经济发达地区，如北京、上海，收入法财富与存量法财富的差别较大，支出法财富与收入法财富、存量法财富差别也比较大。

2. 各地区内部的贫富差异分析

在变动趋势上，支出法财富和收入法加存量法财富的变动方向一致。在变动幅度上，支出法变动幅度较小，而收入法+存量法财富的变动幅度较大。总体

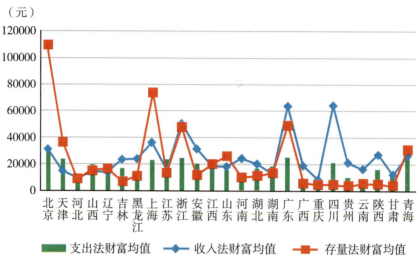

图 7　2011 年中国部分省份支出法、收入法和存量法财富均值

上，相比于单一的收入法度量居民财富，采用收入法+存量法衡量能够在一定程度上更加客观地度量居民的财富规模。

基于微观数据，我们分析了部分省份内部居民财富的标准差，基于此衡量这些省份内部财富差异程度。

通过收入法比较 2011 年中国部分省份内部的财富差异程度，如图 8 所示，

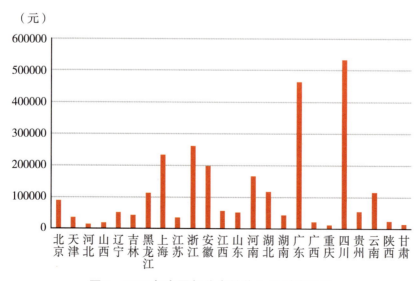

图 8　2011 年中国部分省份收入法财富差异

可以发现，大多数省份内部居民财富差异小于100000元，在四川、广东、浙江、上海地区财富差异程度较大，而重庆、甘肃、河北、山西等地区居民贫富差异程度较小。总体而言，经济发达地区的居民财富差异程度比经济较为落后的地区要更大。

2011年部分省份存量法财富的差异比较如图9所示，通过图9我们发现，绝大部分省份的居民财富差异小于100000元，只有上海、北京、广东、浙江四个地区超过100000元。经济发达地区的居民财富差异程度比经济较为落后的地区更大，且这种对比比收入法反映出的情况更加清晰明显。

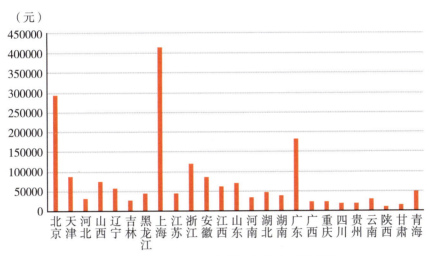

图9　2011年中国部分省份存量法财富差异

如图10所示，用收入法+存量法来度量各省份的居民财富差异，各省份财富差异之间的差别比单一度量方法要更小一些。但是，居民财富差异位居前列的四川、广东、上海、北京等超过了300000元。

通过支出法度量2011年中国部分省份财富差异，如图11所示，大多数省份财富差异处于10000~40000元之间，最高的北京地区不到50000元，其余比较高的省份是广东、浙江、上海和天津。财富差异比较低的是云南、贵州、重庆、广西几个地区。所以，通过支出法度量也呈现出经济发达地区的居民财富差异程度比经济较为落后的地区要更大。

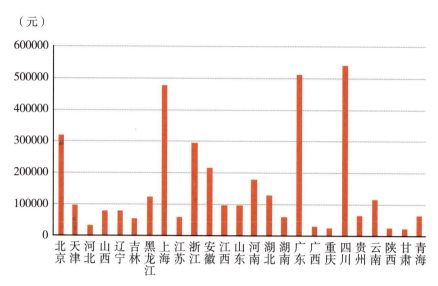

图10 2011年中国部分省份收入法+存量法财富差异

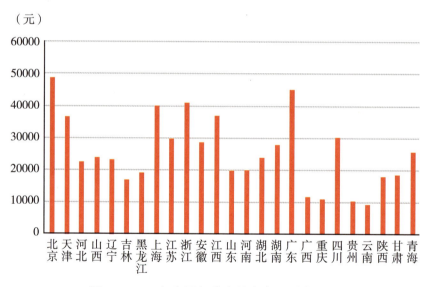

图11 2011年中国部分省份支出法财富差异

由以上可以看出，上海、广东、四川、浙江、北京这些地区的收入法+存量法财富和收入法财富的差异性较高，存量法财富差异性最高的为上海，其次为北京和广东，其中存量法财富中，居民的房产价值占比很高。

图12是微观层面计算的2011年中国部分省份的居民财富差异总指数，图中

显示上海、广东、北京等一线城市居民的财富差异最大，而重庆、甘肃、陕西、广西、河北、贵州、吉林、湖南、青海等处于内陆且经济发展较落后的地区的贫富差距较小。

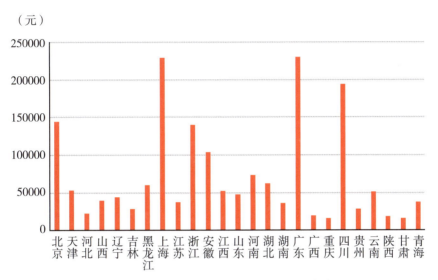

图 12　2011 年中国部分省份财富差异指数

二、宏观层面的贫富差距指数

（一）指标构建

我们同样从收入、支出、存量三个方面构建宏观层面的贫富差距指数。

1. 收入法指标

收入法指标体系主要包括在一定时期（一般指一年）内，居民各种收入的变化。从收入来源来看，居民收入主要包括劳动收入、经营性收入、财产性收入、转移性收入四大类，其中我们将劳动收入细分为居民的工资及补贴收入和其他劳动收入；财产性收入细分为利息收入、股息与红利收入、保险收益、其他投资收入和出租房屋收入；转移性收入主要包括养老金或离退休金、社会救济收入、辞退金和保险收入四大类，如表 5 所示。劳动收入是收入指标体系中居民财富的主要构成部分，该指标体系也考虑了区域社会保障、财产性收入对区域居民财富的影响。

表 5 收入法指标体系——宏观数据

一级指标	二级指标
劳动收入	工资及补贴收入、其他劳动收入
经营性收入	经营净收入
财产性收入	利息收入、股息与红利收入、保险收益、其他投资收入、出租房屋收入
转移性收入	养老金或离退休金、社会救济收入、辞退金、保险收入

2. 存量法指标

由于居民的存量财富不易观测，现有关于居民财富的研究主要采用收入法来测算居民财富，往往采用收入差距代表居民贫富差距。这种衡量方法比较易行但存在测量偏差。为了克服这种情形，本书将从存量财富的角度测算居民存量财富的差距。中国居民的存量财富主要包括储蓄存款、房产价值、股票债券等金融资产价值、汽车等耐用消费品的价值，如表 6 所示。数据来自各省份的统计年鉴数据，经过初步计算，得到各项指标数据。

表 6 存量法指标体系——宏观数据

一级指标	二级指标
储蓄存款	省份的储蓄规模与总人口的比率
房产价值	省份房地产价值与总人口的比率

一级指标	二级指标
股票价值	省份的股票价值规模与人口比率
债券价值	省份的债券价值规模与人口比率
汽车价值	省份平均每人车辆拥有量×汽车价值

其中住宅财富的计算首先从统计年鉴中获得了 2002~2007 年的城市建成区面积、年末实有住宅面积（万平方米）。接着采用以下回归公式计算截距项和系数，然后根据各个省份的建成区面积，估计年末实有住宅面积（万平方米），进而得到人均实有住宅面积（平方米）。

$$年末实有住宅面积（万平方米）_i = a + b \times 建成区面积_i + \varepsilon_i \qquad (3\text{-}1)$$

其中，a、b 分别为截距项和系数，ε_i 是干扰项。

3. 支出法指标

居民支出是其财富总量的增函数。生命周期理论（Ando and Modigliani，1963）、现代消费理论（Hall，1987）都认为居民财富总量正向影响了居民的消费支出。因此，可以从居民的支出差距倒推出居民的贫富差距。另外，收入等数据是比较敏感的宏观数据，从居民支出数据测算居民贫富差距将更加客观。由于支出主要体现的是某段时期内居民消费能力的差异，而居民消费能力的差异是由其财富量直接决定的，因此从支出视角出发，将更能够体现在一段时期内居民贫富差距的变化。支出法体系中主要包括居民的消费性支出、转移性支出、社会保障支出、住房性支出、财产性支出五部分，如表 7 所示，数据来自各个省份的统计年鉴。

表 7　支出法指标体系——宏观数据

一级指标	二级指标
消费性支出	食品、衣着、居住、家庭设备用品及服务、医疗保健、交通和通信、教育文化娱乐服务
转移性支出	捐赠支出、购买彩票支出、赡养支出、各种非储蓄性保险支出
社会保障支出	个人交纳的养老基金、住房公积金、医疗基金、失业基金、其他社会保障支出
住房性支出	购房支出、建房支出
财产性支出	财产性支出

基于以上三种方法测算的居民财富，可以进行不同地区的居民财富差异性比较，而且也能够在区域经济发展不平衡的大背景下，比较不同地区居民贫富差距的变化。另外，各个省份的统计年鉴将本省份的居民财富分为五个等级：低收入户、中低收入户、中等收入户、中高收入户和高收入户，并且详细披露了不同等级居民财富的收入和支出情况，可以根据这些数据，分析不同收入阶层的财富和支出差异。

（二）数据分析结果

1. 宏观层面的贫富差距——收入法

如图 13 所示，从家庭总收入来看，城镇和农村的家庭总收入自 2002 年以来都是呈现上升趋势，不过城镇家庭总收入增长速度比农村更快一些。城镇和农村家庭总收入差距在这个过程中不断加大。2002 年城镇、农村差距为 4700 元左右，而到了 2015 年，差距则扩大到 17000 元左右。

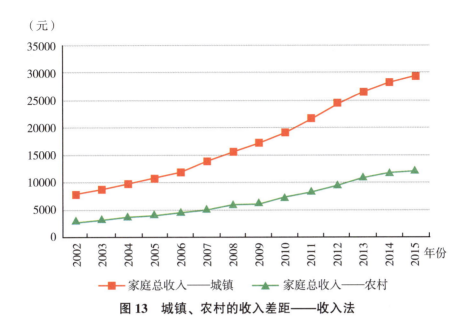

（元）

图13　城镇、农村的收入差距——收入法

图14显示了城镇五个收入阶层的收入都处于增长的态势。其中高收入人群的增长速度最快，从2002年到2015年增长了4倍多。各个收入阶层之间的差距在扩大，与我们的直觉感受和认知是符合的。低收入阶层在2012年之后出现了收入增长停滞，这是与其他收入阶层不同的情况。

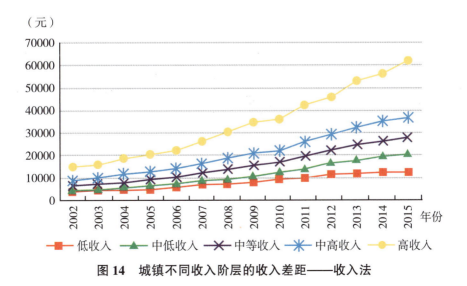

（元）

图14　城镇不同收入阶层的收入差距——收入法

农村不同收入阶层的收入情况，则呈现出曲折增长态势，如图 15 所示。与城镇类似，农村高收入阶层的收入增长是相对稳定的。但是农村中高收入、中等收入、中低收入阶层在 2012 年之后出现了收入增长停滞的情况，而低收入阶层更是呈现出收入下降的态势。

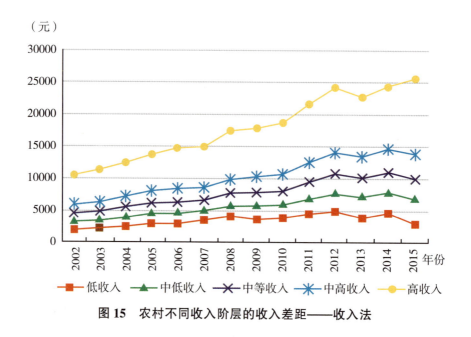

图 15　农村不同收入阶层的收入差距——收入法

从收入来源的类型来看，城镇居民最主要的收入来源是工资性收入，其次是转移性收入和经营净收入。如图 16 所示，工资性收入自 2012 年以来保持着稳定增长；而转移性收入自 2002 年开始一直增长，直到 2012 年达到顶峰，之后出现了逐步减少的趋势；经营净收入从接近于 0 开始缓慢稳定增长。

从收入来源的类型来看，农村居民主要的收入来源是经营净收入和工资性收入，转移性收入和财产性收入次之。有趣的是，如图 17 所示，工资性收入一直以来呈现较快的上升趋势，并从 2014 年开始由第二大收入来源跃升为第一，这是由于经营净收入在 2014 年经历了 2002 年以来的第一次下滑；转移性收入在 2002～2014 年之间是持续增长的，但在 2015 年缩减；而财产性收入在 2013 年前

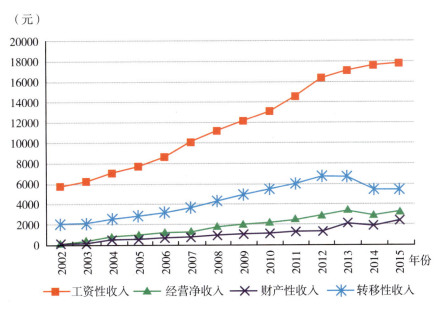

图16 城镇居民按照收入类型分类的财富变化情况

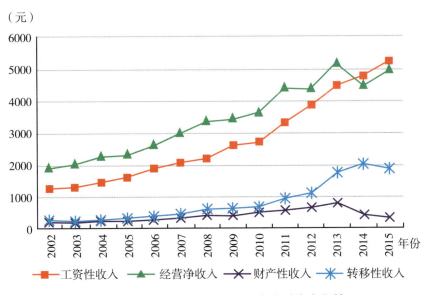

图17 农村居民按照收入类型分类的财富变化情况

缓慢增长，从那之后连续两年下降。总而言之，2013 年之前，农村居民的收入结构是比较稳定的，在此之后出现了变化。

无论对于城镇居民还是农村居民，工资收入都是至关重要的。在工资的行业比较中，图 18 显示国有企业和集体企业的工资都是持续上升的。同时，国有企业的工资水平一直高于集体企业，两种类型企业工资水平的差距也在较为稳定地扩大。

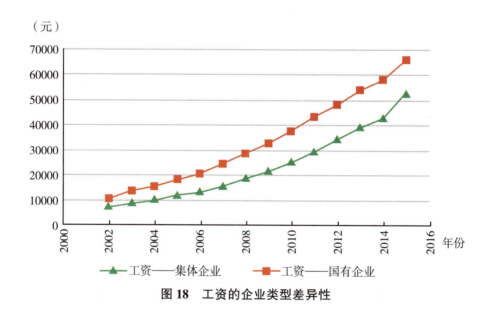

图 18 工资的企业类型差异性

2. 宏观层面的贫富差距——存量法

在我国居民的存量财富中，房产价值是其最重要的组成部分。图 19 显示，自 2002 年以来房产价值呈现波动上升趋势，储蓄存款和汽车价值处于比较低的水平，但是可以看出 2002 年之后是稳步上升的。

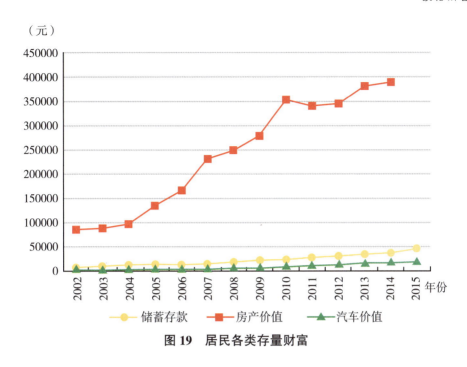

（元）

图 19　居民各类存量财富

3. 宏观层面的贫富差距——支出法

图 20 显示，在家庭总支出方面，城镇居民的支出是稳步上升的。值得注意

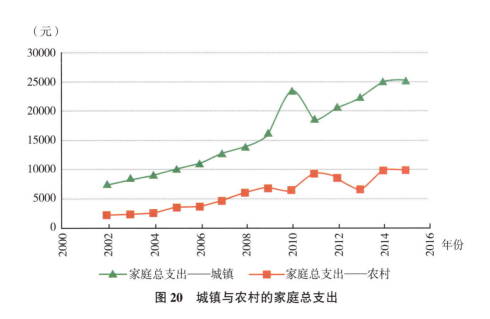

（元）

图 20　城镇与农村的家庭总支出

的是，2010 年城镇居民家庭总支出出现了异常的极大增长，增长率达到了 45.3%，随后又恢复比较正常的增长水平。2010 年我国 GDP 增长率达到了临近几年的极大值为 10.9%，同年房产价值增长加速，这可能是其原因。而农村居民的家庭总支出水平出现曲折增长态势，增长的速度明显比城镇居民慢。而且农村居民的家庭总支出在 2010 年出现了下滑，与城镇居民支出的异常增长形成鲜明对比。农村居民在 2012 年和 2013 年的支出也出现了缩减，可能与其经营净收入减少有关。

图 21 反映了城镇和农村的居民消费性支出从 2002 年至 2015 年的变化情况。首先，城镇和农村居民的消费性支出逐年平稳增加。其次，城镇居民的消费性支出增长速度高于农村居民。最后，城镇居民与农村居民的消费性支出差距在逐年拉大。

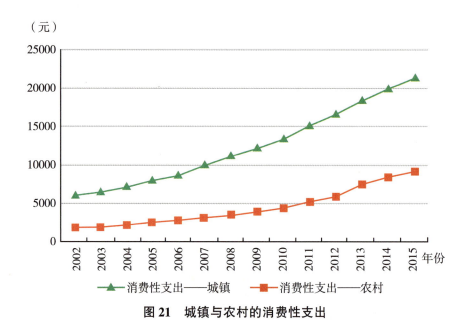

图 21 城镇与农村的消费性支出

在数据收集方面，由于农村居民支出数据缺失情况严重，故只对城镇居民财产性支出进行分析。图 22 显示了城镇居民财产性支出历年的变化情况，总体趋势是增长的。在 2013 年，城镇居民较大幅度减少了财产性支出。2012 年我国

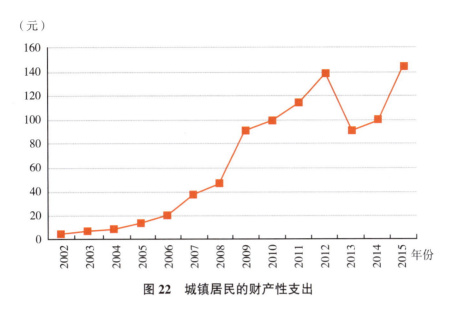

图 22　城镇居民的财产性支出

GDP 增长率从 2011 年的 9.5% 减缓到 7.9% 进入经济新常态，这可能导致城镇居民的财产性支出发生变化。

图 23 显示了城镇居民的社保总支出的变化情况。逐年增长的态势下，社保总支出在 2013 年达到了最大值，随后大幅度回落。

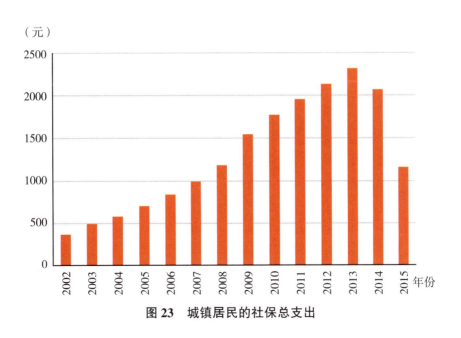

图 23　城镇居民的社保总支出

图 24 显示了城镇居民的住房性支出的历年情况。城镇居民在住房方面的支出具有较大的不确定性，波动比较大。这与我国房地产行业本身的价格波动有较大的关系。国家近年来对于房价调控力度加大，这都对于居民住房性支出有着重要影响。

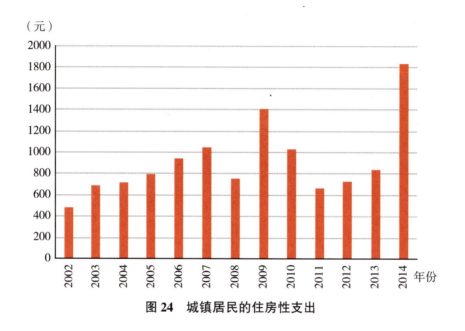

图 24　城镇居民的住房性支出

图 25 显示，我国城镇居民的转移性支出同其社保支出呈现出同样的变动趋势。它们均在 2012 年之前是稳步增加，之后逐步减少。

基于收入法、存量法和支出法，我们构建了全国贫富差距指数（WG2），如图 26 所示。从全国贫富差距指数来看，最近几年中国居民贫富差距不断提高，很大程度上是由于存量贫富差距不断加大造成的，如房产价值等因素。另外，城镇和农村居民的贫富差距加大可能也是其中一个重要原因。

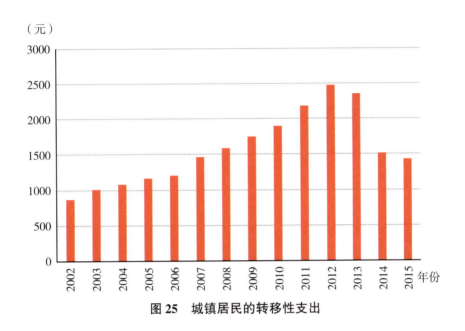

图 25　城镇居民的转移性支出

图 26　全国贫富差距指数（WG2）

三、中国贫富差距指数分布

由于存量数据缺失，在后续的计算中，我们以各个省份工资和生活费支出构建了衡量全国贫富差距的指数（WG1），时间跨度为1991~2015年，这样克服了省级层面的指数维度较少的短板。通过相关性分析我们发现，全国贫富差距的指数（WG1）与前文的指数（WG2）存在高度相关性，如图27所示，而且在5%的检验水平下显著，说明以各个省份工资和生活费支出构建的衡量全国贫富差距的指数（WG1）也具有一定的代表性。

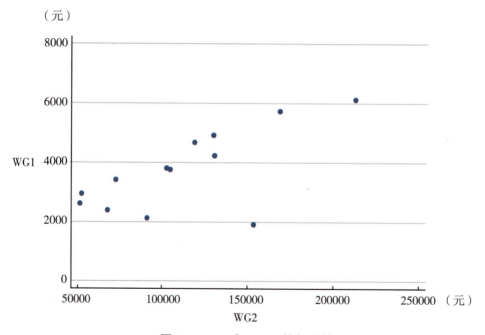

图27　WG1 与 WG2 的相关性

（一）全国贫富差异指数的变化趋势

从图 28 可以看出，我国居民贫富差距在不断扩大，从 1991 年的 589.86 元上升到 2015 年的 13549.08 元，上升了 23 倍，可见我国居民贫富差距呈现出不断扩大的趋势，2009 年之后上升的幅度更大。

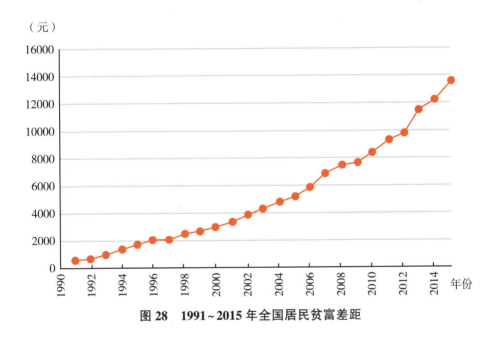

图 28　1991~2015 年全国居民贫富差距

本书对城市居民和农村居民的贫富差距进行了对比分析，如图 29 所示。由图 29 发现，随着经济的发展，城市居民和农村居民的贫富差距水平都有所增大，但是城市居民的贫富差距的加大要显著高于农村居民，特别是在 2009 年之后。

我们将居民的贫富差距分为收入和支出两部分，分别考察两部分贫富差距的变化。图 30 是城市居民和农村居民在收入方面的差距，可以看出城市居民的收入水平显著高于农村居民的收入水平，且随着经济的发展，城市居民收入与农村居民收入水平的差距显著扩大。

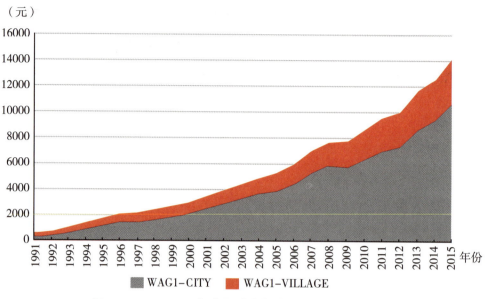

图 29　1991~2015 年中国城市与农村居民的贫富差距

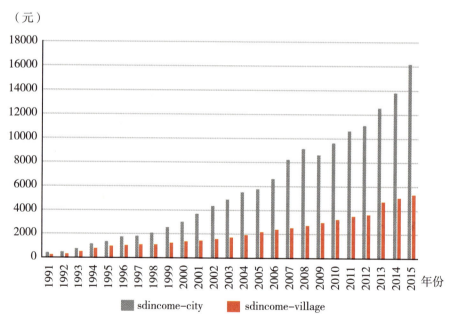

图 30　1991~2015 年中国城市与农村居民的收入差距

　　图 31 是城市居民和农村居民在消费支出方面的差异情况。可以看出在 2008 年之前，两类居民的消费支出差距相对稳定，但在 2008 年之后，二者的差距水

平在不断扩大。对比两类居民在收入方面差距的变化情况，我们可以看出，城市居民和农村居民在收入方面差距的扩大程度要高于两类居民在支出方面差距的扩大程度。这也是中国城市居民和农村居民贫富差距变化的主要因素。

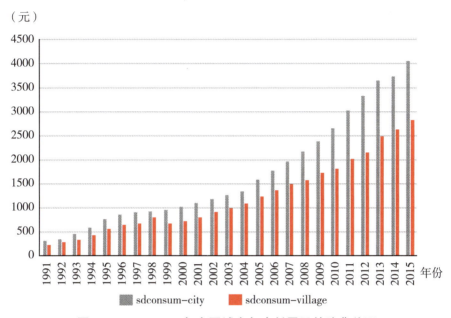

图31　1991~2015年中国城市与农村居民的消费差距

（二）各省份的贫富差距分析

我们对1991~2015年之间各个省份（不包括台湾地区，下同）的贫富差距进行了均值分析，如图32所示，发现城市居民的贫富差距中北京、上海、天津位列前三位，而农村居民的贫富差距中北京、上海、浙江位列前三位，可以看出经济越发达的省份，其居民贫富差距越大。

同样，我们按照居民收入和支出对各个省份的贫富差距情况进行统计，得到图33、图34。由此可以发现北京、上海、天津的城市居民收入差距最高，而上海、北京、浙江的农村居民收入差距最大。支出差距方面，我们发现上海、北

（元）

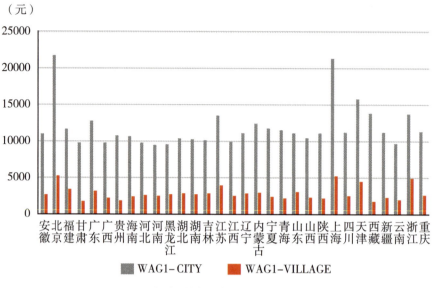

图32 各省城镇和农村贫富差距均值

京、浙江的城市居民和农村居民的支出差距都最大。对比两个统计图可以看出，居民贫富差距在收入和支出方面有不同的表现。

（元）

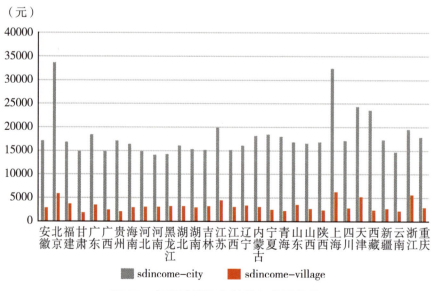

图33 各省城镇和农村收入差距均值

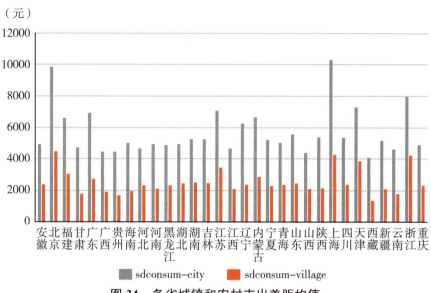

（元）

图34 各省城镇和农村支出差距均值

sdconsum-city　　sdconsum-village

（三）中国贫富差距指数（1991~2018年）

最后，我们采用公式（3-2）将居民的贫富差距转化为贫富差距指数，可以看出，贫富差距指数呈现整体上升的趋势，但在2008~2009年之间增速显著下降。从图35中可以看出，中国的贫富差距指数一直在升高，但2000年以后的增

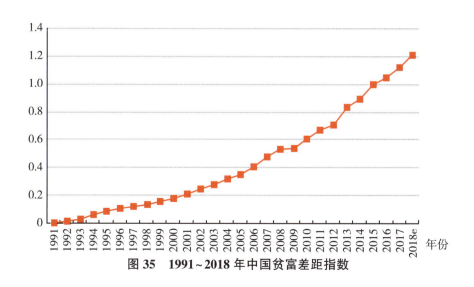

年份

图35 1991~2018年中国贫富差距指数

速显著增加，在 2007 年左右，中国居民贫富差距指数出现一个局部拐点，但从 2010 年开始，中国居民的贫富差距指数又呈现快速上涨的趋势。

$$\text{Index} = \frac{(\text{年度实际值} - \text{最小值})}{(\text{最大值} - \text{最小值})} \qquad (3\text{-}2)$$

四、小 结

从微观统计数据可以看出，我国各省份的居民贫富差距相差较大，在经济发达的省份贫富差距较严重，在经济发展水平相对较低的省份贫富差距相对较小，说明贫富差距带有明显的地域性特征；仅从收入的角度分析贫富差距不能够客观体现现实情况，需要将支出财富、存量财富等方面的差异性纳入分析框架。省份层面的数据显示，我国近几年的居民贫富差距在不断扩大，收入法计算的贫富差距尤为明显，金融行业的工资水平与其他行业的工资水平差距不断扩大，表明我国行业之间的财富分配差异在扩大。从支出法可以看出，农村和城市之间的贫富差距也在扩大。而从全国贫富差距指数来看，我国居民贫富差距呈现不断上涨的趋势，但在 2007 年左右出现局部拐点。

第四章

与贫富差距相关的多重公平指数

本书构建的蒙格斯社会公平指数是以居民贫富差距为核心的指数，但是显然，社会公平问题还涉及其他因素。正如前文所述，本书将法律的公平性、社会文化的公平性、金融的公平性也视为影响社会公平的重要因素。本部分将重点论述这三个因素对社会公平的影响，并形成测度这三种公平指数的指标体系。

一、法律公平指数

从世界历史发展的角度看，各国现代化的过程中都出现了贫富差距扩大的问题。如欧洲的工业革命时期，同时也是贫富差距最大的时期，欧洲各国或通过经济的发展，或通过社会改革政策的有效实施，或通过暴力革命缓解了这一问题。西方国家发展历程中有不少经验教训值得我们借鉴和反思。

英国工业革命期间一系列的社会问题凸显的根本原因就是贫富差距过大。工业革命时期是英国贫富差距问题极度尖锐时期，由此引发了一系列严重的社会问题：首先，贫富差距的扩大，使社会矛盾日益尖锐，罢工、骚乱时有发生；其次，贫穷人口居高不下，使英国社会犯罪率大大升高；最后，在当时的英国城市存在着大量的贫民窟，环境恶劣，疾病丛生，严重影响英国国民的生活质量。在此背景下，英国政府出台了一系列改革措施，在一定程度上缓解了由贫富差距急剧扩大带来的社会矛盾，化解了可能升级的社会冲突。但是当时的英国政府受到自由放任思想的影响，并没有根本解决贫富差距问题，一系列的改革治标不治本。直到 19 世纪末 20 世纪初，英国才通过税收和福利政策，在财富分配领域中逐步实行国家干预。

社会学家分析说，收入差距拉大，会出现两种极端人物——暴发户和落魄者，他们的社会行为、消费行为会对社会产生负面效应。相当数量的暴发户的炫耀性消费和犯罪性消费（色情、毒品、赌博消费等），以及落魄者中的胆大妄为者的反社会的铤而走险，都会危害社会。一般而言，收入差距扩大，会出现社会心理的不平衡，甚至心理失衡，由此滋生社会不和谐因素。

此部分我们尝试分析影响公平的固定常量中的法律因素，并对其进行量化，进而构建法律公平指数。我们通过观察历史上贫富差距明显过大的一些历史阶段，综合衡量这些阶段与法律相关的影响因素，选取以下六个指标作为构建法律公平指数的核心指标。

（一）政策及立法情况

一个国家的政策及立法情况包含政策导向、立法及法律体系、公平分配法律制度三个方面。

1. 政策导向

国家在不同历史阶段所采取的政策理念、国家治理方针对国家贫富差距问题至关重要。如英国工业革命后，自由放任主义逐渐成为指导理论。按照亚当·斯密的理论，在"看不见的手"的指导下，人们追求自己的利益会更有效地促进社会利益的发展，市场机制在社会财富分配过程中担当基础作用，政府不应过多干预。但自由放任主义对效率的过分追求，却忽视了社会公平问题。在这种政策理念指导下，英国政府认为其对处于贫穷状态下的人群没有救助责任，这是导致英国贫富差距问题变得更为尖锐的根本原因。

再如，新中国成立初期，中国共产党领导人民进行了土地革命以及对工业、农业、手工业及工商业的社会主义改造，完成了社会主义公有制的建立。为了配合公有制改造，中国政府接着建立了互助组、合作社和人民公社。人民公社实行"一大二公"政策，对农民的个人生活资料实行平均主义的分配方式，甚至成立集体大食堂吃"大锅饭"。在集体主义下，平均主义大行其道，造成了普遍的"磨洋工"等低效现象，干多干少都得到差不多的工分，勤劳者不能得到奖励，懒惰者亦不能得到惩罚，严重挫伤了人们的劳动积极性，在一定程度上阻碍了经济社会的发展。

1978 年改革开放以来，实施了"先富与共富"政策，"鼓励一部分人、一部分地区先富起来，先富带动后富，最终实现共同富裕"。这一政策在改革开放初期对于经济的迅速发展起到巨大作用。然而，这一政策没有得到完全落实，也为当今中国贫富差距问题的扩大埋下了隐患。从现有状况来看，很显然市场机制在财富创造方面具有独特的优势，但市场自身并不能有效缩小财富差距。如果没有其他社会制度如税收制度、社会保障制度、公共服务能力等发挥调节作用，就无法根本解决贫富差距扩大化的问题。

2. 立法及法律体系

一国的政策理念、国家治理导向以及各类政策往往是通过立法程序，进而以法律的形式确立，并通过法律实施得以贯彻执行。因此，立法及法律体系结构也是影响一国贫富差距的重要因素。

首先，民主科学立法有助于将公平道德诉求法律化。立法应当充分代表民意、体现民利、反映民情，公平公正地解决社会问题、分配社会利益。同时也要防止立法中的部门保护主义、地方保护主义和立法不公，防止把畸形的利益格局或权力关系合法化，警惕立法权力滋生的腐败，从制度和规范的源头上保障公平。

其次，在国家法律体系中，刑民法律结构体系失衡，影响社会公平的实现。自古以来，刑法严峻被视为治理要义，所谓"灾年轻赋徭""乱世用重典"。一个稳定持续发展的社会，应该是一个民事法律优先的社会。当今许多社会矛盾的产生和激化，其实跟社会违约成本低，受损害者得不到有效的法律救济密切相关，本质上都源于民事权益与责任的模糊和民事违约追索的困难。社会矛盾的产生和激化，很大程度上与重刑轻民的法律体系结构相关。长期的重刑轻民已经在法律观念和法律实践中造成了法治结构的失衡，调整和纠偏不仅是法治质量和效用以及社会公正公平的实现问题，实际上也是国家治理结构的一个重要问题。

最后，民法对私人产权的保护，促进了权利观念的兴起，有利于保障实现公平。民法具有权利法的特征，在社会经济生活中，重视民法则权利观念勃兴，贬低民法则权利观念淡薄。法国 1789 年资产阶级大革命后，为了巩固资产阶级革命的胜利，于 1804 年颁布了《法国民法典》，这是资本主义社会第一部民法典，也是世界民法对私人财产权保护的开始。

3. 公平分配法律制度

罗尔斯在《正义论》中指出，"社会正义的问题就是社会分配的公正问题"。

第一，财政税收法律制度是保障收入公平分配的关键性制度之一，有效的财政税收法律制度通过社会再分配的功能有助于进一步缩小贫富差距。历史上，无论是英国的"光荣革命"，还是法国大革命和美国独立战争，无不与税收密切相关，最终的结果是导致宪政改革。回顾不同的历史阶段，财政税收法律制度所蕴含的正义呈现出不同的外观和面貌，主要包括交换正义与分配正义，前者侧重于市场竞争和交换活动的初始分配，以自由和效率为前提，后者则因为纯粹的交换正义的局限性，在考察具体的现实民情的前提下对分配结果进行修正和纠偏，以体现公平、平等的社会综合效应。财政税收法律制度旨在缩小贫富差距，维护社会的公平正义。

第二，社会保障法律制度正是以追求社会分配的公平为价值目标。社会保障法律制度力图通过社会财富的转移，将社会资源财富进行适当再分配，解决社会各种资源财富分配公平问题。在市场失灵的情况下，保证个人在遇到困难时得到援助，以重新分配资源促进公平。

国家的政策及立法对贫富差距问题及其发展有着重要的影响，但在相关数据收集过程中，只收集到1995~2016年的整体立法数据，有关政府的政策导向、治理理念变化、立法质量及对应的立法无法通过量化数据找到。在现有的统计指标中也并未找到近似的指标，故定量分析中暂不纳入该项。

（二）犯罪率情况

恩格斯认为"蔑视社会秩序最明显、最极端的表现就是犯罪"①，而犯罪不是孤立的社会现象，有其产生发展的各种复杂主客观原因，"一定的原因按照特殊的规律性在产生一定的犯罪行为"②，犯罪的本质是"孤立的个人反对统治关系的斗争"③，是侵犯统治阶层的利益和社会秩序，其最终根源在于社会的物质生活条件，并且会随社会物质生活条件的变化而变化。

现代犯罪社会学理论一方面深刻地指出"一个社会只是贫穷或者只是富裕均不产生犯罪，但一个社会贫富差别悬殊就会产生大量犯罪"，尤其财产犯罪乃是"贫富悬殊的自然结果"；另一方面强调犯罪（率）是反映社会变迁过程中各种社会问题的"晴雨表"，"财产犯罪和暴力犯罪是衡量社会秩序和社会变化的重要尺度"。

贫穷是许多灾难之源，当一个人因失去工作而无以为生时，一种求生的本能会驱使他去偷窃、抢劫，沦为罪犯。大部分犯罪都与财产有关，而任何有关财产的犯罪都根源于万恶的贫穷。纵观整个人类历史发展进程，当一国贫富差距过大

---

① 《马克思恩格斯全集》第2卷［M］．北京：人民出版社，1957：416．
② 《马克思恩格斯全集》第1卷［M］．北京：人民出版社，1957：623．
③ 《马克思恩格斯全集》第3卷［M］．北京：人民出版社，1957：379．

时，与之伴随的是犯罪率的激增。对于中国这样一个有着长期"不患寡而患不均"文化传统的国度，贫富差距更易引发违法犯罪活动。从某种意义上讲，侵财犯罪正是少数人通过非法途径对抗和削减贫富差距的一种方式。因此，我们选择犯罪率作为衡量贫富差距指数的重要指标。

在现有的统计数据中，可以选择的犯罪率计算方法主要有三种：第一，以法院一审案件收案数计算犯罪率；第二，以检察机关批准逮捕数计算犯罪率；第三，以公安机关立案数计算犯罪率。根据数据的可得性，我们分不同的执法机关，收集 1981~2016 年上述三种统计口径的犯罪数与人口统计数据，并在此基础上计算犯罪率。

（三）社会治安状况

贫富差距问题是影响社会秩序稳定的经济根源。古希腊哲学家亚里士多德曾精辟地指出："社会动乱都常常以'不平等'为发难的原因"。贫富差距过大，社会矛盾必将日益尖锐，各种社会治安事件、骚乱、纠纷、冲突乃至罢工等现象加剧。贫穷使底层人民对现实产生不满，他们会通过各种不同的方式，如个人报复社会行为、集体反抗的行动将不满表现出来，由此导致激烈的社会冲突不断。

工业革命时期是英国近代史上社会冲突和社会矛盾最尖锐的时期之一。1811~1818 年发生的捣毁机器的卢德运动，波及全国许多地区，其直接原因就是使用机器使大批工人失业，生活状况恶化。从 18 世纪下半叶到 19 世纪中叶，英国工人激进运动很活跃。爆发了 1816 年东盖格鲁和斯巴费尔德的骚乱，1819 年彼得卢大屠杀，1831 年改革法案骚乱以及纽波特起义等，这些轰轰烈烈的工人运动都是工人因为生活状况恶化而奋起抗争的表现，是工人对分配不公、贫富差距扩大的强烈不满的表达。他们希望改变国家政权形式，以便做出对工人阶层有力的改革，因而 1832 年议会改革，工人阶层就是主力。随后，他们又投入了轰轰烈烈的宪章运动。

所以，社会治安状况一定程度上反映了社会状况，成为贫富差距指数的重要组成部分。在现有的统计数据中，可以选择的社会治安案件的数据有公安机关破案数和治安案件查处数。根据分析，公安机关破案率与城市犯罪率有一定的正相关性，故我们最终选取 1990~2016 年治安案件查处数以反映社会治安状况。

（四）司法公正情况

贫富差距扩大，除了会发生上述暴力事件甚至犯罪之外，也会引发一系列的社会矛盾、纠纷等社会问题。司法作为维护社会公正的最后一道防线，一场公正的司法裁判，能够使一个受到不公正待遇的人通过诉讼途径解决纠纷，缓解社会矛盾，化解危机。相反，则如培根所说："一次不公正的判断比多次不平的举动为祸尤烈。因为这些不平的举动不过弄脏了水流，而不公的判断则把水源败坏了。"

公正司法给予公民的财产权法律上的保护。孟德斯鸠说："在共和国里，剥夺了一个公民必要的物质生活，便是做了一件坏事，就是破坏平等，平等是共和国的灵魂。"卢梭进而认为，"财产权的确是所有公民权中最神圣的权利，它在某些方面，甚至比自由更重要"。18 世纪中叶英国的一位首相，老威廉皮特，针对财产权确立：即使是最穷的人的一所破房子"风能进，雨能进，国王不能进"。这些格言和典故蕴含着法治和司法公正的力量。

根据现有学者的分类和讨论，评价司法公正的做法大致有四种：第一，制度安排，是政策制定者的制度安排，将某些制度视为司法公正原则的具体体现。第二，指标量化，是法律实施者对具体制度加以指标量化，从而测定司法公正的程度。第三，问卷调查，是专业法律研究者的问卷调查，设定相关问题，根据法律职业群体和民众的回答结果，推断司法公正的效果。第四，公正感受，是通过跨学科法律研究者的设计实验，测量民众的公正感受和认知程度。

我们认为，第四种评价直接关涉社会公正与司法公正的关系，但由于认知的偏差，不同身份地位的人对司法公正的感受存在差异，我们不能也无法追求司法公正感受的统一和唯一。当出现认知偏差过大，而社会没有陷入混乱，其中一个重要因素是民众已经养成对司法的尊重，也就是司法权威，在这里我们不做过多的讨论。

为了将定性分析更有效进行量化，我们参考了全国各级人民法院开始推行的案件质量评估体系，并选取了审结一审案件总量及再审结案总量作为司法公正的衡量指标。

（五）法律援助情况

法律援助制度是国家在司法制度运行的各个环节和层次上，对因经济困难而难以通过一般意义上的法律救济手段保障自身权利的社会弱者减免收费、提供法律帮助的一项法律保障措施。法律援助制度的实质是国家贯彻落实宪法"法律面前人人平等"基本原则、保障国家法律平等公正实施的一项重要措施。国家设立法律援助制度的根本目的是消除因经济能力或个人条件不平等而产生的法定权利实际不平等现象，为全体社会成员提供平等的司法保障。法律援助制度作为实现社会正义和司法公正、保障公民基本权利的国家行为，在国家的司法体系中占据十分重要的地位。

法律援助制度的发展经历了最早的慈善行为到现在的政府责任两个阶段。最初的法律援助制度起源于1945年，英国议会通过了著名的《亨利七世法》，确定"正义应当同样给予贫穷的人"，"根据正义原则任命律师应同样为穷苦人服务"的准则。当时的法律援助是一种慈善行为，律师被期望在职业慈善的基础上免费提供法律帮助。如果把法律援助建设在律师同情穷人的潜在意念上，这本身就意味着风险。受法律社会主义思想的影响，从19世纪末20世纪初开始各国逐渐将法律援助的慈善行为性质向国家行为转化，我国在2003年颁布的《法律援助条例》确认了我国法律援助的国家责任。

因此，一个国家法律援助状况，一定程度上反映了一个国家法律公平的状况。在现有的统计数据中，有关法律援助的数据主要包括法律援助机构数、法律援助人数、法律援助财政拨款数和办理法律援助案件数。鉴于数据的可得性，我们未将此维度纳入法律公平指数。

（六）权利救济情况：信访

贫富差距不断扩大，各种深层次矛盾就会不断显现，人民群众利益诉求导向就会呈现出新变化。当权利人的实体权利遭受侵害时，有关机关或个人在法律所允许的范围内采取一定的补救措施消除侵害，使得权利人获得一定的补偿或者赔偿，以保护权利人的合法权益。英美法系国家从早期令状形式时期开始，一直奉行的原则是"救济先于权利"，即无救济则无权利；而大陆法系国家一般都将"权利受侵害"作为权利救济要件之一。

权利救济的方法分为法律救济和其他救济两种。在现代民主法治国家中，当权利受到侵害时，法律救济无疑是首要的救济途径。当出现司法救济失灵乃至司法不公的情况下，信访制度作为一种特殊的行政救济方式，在我国的权利救济系统中有着重要的补充作用。与行政诉讼救济和行政复议救济的缓慢推进形成鲜明反差的是，信访浪潮始终居高不下。

信访，是指公民个人或群体以书信、电子邮件、走访、电话、传真等多种参与形式与国家的政党、政府、社团、人大、司法、政协、社区、企事业单位负责信访工作的机构或人员接触，以反映情况，表达自身意见，吁请解决问题，有关信访工作机构或人员采用一定的方式进行处理的一种制度。作为一种行政性的补充救济制度，其历史悠久，中国历来有"上京告御状"的传统。这种救济制度，并非中国独有，在全世界范围内，普遍存在着申诉专员制度、公共监察专员制度和请愿制度等。在新中国成立初期，信访制度作为党联系群众的方式，起到了群众表达意见和政治参与的作用。近年来，中国信访制度在为受到侵害的个人提供救济方面发挥了现实的积极作用。

因此，信访制度也是公平指数中的一个重要指标。在现有的统计数据中，有关信访的数据主要包括全国检察机关来访、全国检察机关来信、全国法院来访、全国法院来信。根据数据的可得性，我们最终选取 1990~2015 年信访总量来反映法律援助状况。

二、社会文化公平指数

在对经济的研究中，社会因素是一个重要的维度，但长期以来我国经济学界对社会维度研究不足（吴向鹏和高波，2007），而贫富分化更是与社会及文化因素密不可分。从国内外社会发展的历史来看，人类天然就对公平、公正有着强烈诉求，大部分的人类社会冲突，例如种族、宗教、贸易冲突，甚至包括革命与叛乱等，都与某一方面的公平失衡有关。在商品经济高度发达的今天，随着全球化的迅猛发展，与财富分配相关的公平和均衡成为影响社会发展的重要因素。

（一）社会文化的内涵

1. 社会文化的定义

学术界对于社会文化的定义较为统一，均认为它是复合体，包含宗教、道德伦理、风俗习惯等多个方面。其中，尤克文和王婷婷（2008）认为，文化是复合体，包括实物、知识、信仰、艺术、道德、法律、风俗，以及其余从社会上学得的能力与习惯，是指人类社会历史发展过程中所创造的物质财富、精神财富与社会意识形态。吴向鹏和高波（2007）认为，文化包含人类的价值观念、伦理规范、道德观念、宗教、思维方式、人际交往方式、风俗习惯等。从经济学的角度来看，社会文化构成了人们的主观模型，并依据这个价值体系来进行判断决策。

2. 社会文化与经济增长

经济增长要以社会文化发展为前提，而文化可以通过商业精神对市场秩序的发展和培育产生影响，并对社会和地区的经济增长产生直接作用（任保平和王蓉，2013）。

从文化角度解释经济增长源远流长，最早可以追溯至德国哲学家马克斯·韦伯（Max Weber，1904~1906）的经典著作《新教伦理与资本主义精神》，韦伯通过对 16 世纪宗教改革以来基督教新教伦理与资本主义精神的研究，发现源于新教伦理的资本主义精神是促进西方资本主义兴起的重要因素。而后，发展经济学家罗斯托、库兹涅茨将文化的研究方法进行了拓展。20 世纪 90 年代，波特从竞争优势形成的角度出发，认为基于文化的优势是最根本、最难替代和模仿、最持久以及最核心的竞争优势，要加强国家的竞争力，最艰巨的任务之一就是改变经济文化（吴向鹏和高波，2007）。

国内对文化与经济增长关系的研究主要侧重于应用历史学和哲学的分析方法，强调历史文化传统的影响。王询（2007）分析了文化传统对经济组织的影响，陈立旭（2000）分析了区域工商文化与区域经济发展的关系，张凤林（2000）强调了文化传统的作用与影响，认为文化是制度研究的新视角。

3. 社会文化与贫富差距

现有研究中从社会文化角度出发对贫富差距的研究较少。

熊晟欣等（2011）认为，我国贫富差距过大的原因表面看是经济领域的不公平分配，实则是社会转型过程中文化因素对经济的反作用，集中表现在官本位与市场配置的碰撞、等级观念与共同富裕的碰撞、本位主义与公有制的碰撞、拜物主义与社会主义精神文明的碰撞四个方面。

李军和冉志（2004）认为，从非经济的社会因素角度出发分析我国贫富差距成因是非常必要的，文化转型是导致贫富差距扩大的基本因素之一，没有文化舆论的宽容乃至鼓励、倡导，没有对财富与贫穷的反思与凝视，就不可能有追求富裕生活的精神动力。因此，他们认为文化环境、文化观念等因素影响着人们对贫富差距的评价、态度和行为取向。

4. 文献评述

综上所述，学术界对社会文化与贫富差距问题的研究取得了一些成果，但总体上来说仍存在着很多不足。主要是对贫富差距的研究缺乏社会文化层面的全面认识和整体分析，缺少系统性的研究及定量分析。

（二）主要社会文化因素分析

此部分我们尝试分析影响公平的固定常量中的社会文化因素，并对其进行量化，进而构建社会文化公平指数。我们选取自然灾害情况、人口流动情况、文化宗教情况、社会治理（土地税赋）情况、民族政策情况和教育资源情况六个方面作为衡量社会文化公平的核心指标。

1. 自然灾害情况

我国是自然灾害发生最频繁、受灾程度最严重的国家之一，一种自然灾害会导致经常受这种自然灾害危害的民族对其产生畏惧，并逐渐形成一种灾害的文化记忆，久而久之就成为一个民族产生相关信仰或崇拜的因素之一（张益群，2012）。自古以来，劳动人民旱时祈雨、涝时求晴，鲁国求雨的祭坛——"舞雩"至今仍存于山东曲阜，文学作品中也多出现对此类仪式的描写。

抛开文化因素，自然灾害本身与贫富差距也有着直接关系。何爱平（2000）指出，发展中国家人口众多、经济技术落后、资本稀缺、抗灾能力低、防灾意识不强，致使发展中国家产生灾害的潜在因素日益增加，灾害的成灾损失越来越严重，灾害对经济发展的影响与经济因素对灾害的影响都在日益加深，形成恶性循环。

从地区来看，自然灾害的频繁发生加重了受灾地区的贫穷程度，而贫穷又使得该地区人民不能有效抵抗自然灾害的发生。因此，在我国较为贫穷的地区往往也是自然灾害较常发生的地区。

孙梦洁和韩华为（2013）认为，农业自然灾害对贫富差距的影响主要有以下两点：一是对农村贫穷规模和程度的直接影响；二是对农村贫穷的间接影响，即自然灾害对受灾农户未来发展能力的影响，也可理解为对农户收入分配关系的影响。一般认为在分配状况不变的条件下，农户收入增长可以缓解贫穷，即收入的增长会使得贫穷率下降、农户的脆弱性降低。

民政部数据显示，2017 年我国自然灾害以洪涝、台风、干旱和地震灾害为主，风雹、低温冷冻、雪灾、崩塌、滑坡、泥石流和森林火灾等灾害也有不同程度发生。各类自然灾害共造成全国 1.4 亿人次受灾，881 人死亡，98 人失踪，525.3 万人次紧急转移安置，170.2 万人次需紧急生活救助；15.3 万间房屋倒塌，31.2 万间房屋严重损坏，126.7 万间房屋一般损坏；农作物受灾面积18478.1 千公顷，其中绝收 1826.7 千公顷；直接经济损失 3018.7 亿元。

屡次自然灾害中，受灾的多为中低端贫穷人群，虽有定向救灾、扶贫的政策指向，但中长期来看效果并不显著。故而我们认为自然灾害与贫富差距和社会公平有着密切联系。

2. 人口流动情况

《2017 年国民经济和社会发展统计公报》显示，2017 年年末，我国人户分离人口 2.91 亿人，其中流动人口高达 2.44 亿人。可见，人口流动是我国当前的主要社会现象。潘淑敏（2007）认为，大规模的人口流动是随着我国改革开放和市场经济发展尤其是生产要素在市场中自由流动所产生的必然现象。特别是20 世纪 90 年代以后，由农村到城市的流动人口的数量增长更快。

从农村到城市的大规模人口流动一方面为城市发展提供了充足的劳动力供给，同时也提高了农村人口的收入、改善了农村的经济状况；但另一方面流动人口的综合治理是一个复杂的系统工程，其中流动人口就业、子女教育、医疗卫生、社会保障等问题尤为严峻、亟待解决。

杜吉国（2013）以黑龙江为例从人口自然变动和人口迁移流动两个方面来研究人口因素对社会经济发展产生的种种影响。他认为人口变动有自然变动、机械变动和社会变动三种模式。当人为干预措施使人口的自然变动维持在相对稳定的条件下，那么，机械变动中的主要因素——人口迁移就会对社会及经济方面产生突出的影响。引起人口迁移的决定性因素是一定的社会经济和政治的条件。如城市的发展、新工业基地的建设和政治经济文化中心的转移等因素。同时，人口迁移也会有利于社会经济生产，如合理分配生产力、加速新开发地区的建设，并能够在生产发展的前提下，满足并提高人民的物质需要和文化生活水平。

3. 文化宗教情况

我国是个多宗教的国家。宗教徒信奉的主要有佛教、道教、伊斯兰教、天主教和基督教，这五大宗教中有四个是世界性宗教，而道教是我国土生土长的宗教。我国公民可以自由地选择、表达自己的信仰和表明宗教身份，宗教信仰自由权利受到宪法和法律的保护。据统计，我国有各种宗教信徒 1 亿多人，经批准开放的宗教活动场所近 13.9 万处，宗教教职人员 36 万余人，宗教团体 5500 多个。宗教团体还办有培养宗教教职人员的宗教院校 100 余所。我国民族、宗教因素复杂，在考察我国贫富差距和社会公平时，也要考虑多种文化、宗教等影响因素。

学术界对于宗教与经济关系的研究集中在宗教伦理和宗教文化如何促进经济发展以及宗教伦理的不同如何改变经济增长的路径。当宗教的文化伦理适应经济发展的生产关系时，宗教就会促进经济的发展，相反则会阻碍经济发展。研究发现，适宜的宗教文化和宗教伦理可以帮助人们形成正确的经济伦理观，从而塑造正确的经济行为，此外还可以去除纯粹"经济人"行为中的物欲和贪婪（曹森，2011）。钱满素（2014）认为，在有宗教的时候，贫富贵贱乃上帝所定，一个人的世俗成功必与其个人品行密切相关，因此贫富不均不仅可以接受，而且贫穷的责任主要由个人来承担。可是这样的道德资本一旦耗尽，个人品行与世俗成功脱节，贫富不均就会变得没有道理，不可容忍。在政治平等基本完成后，人们不可避免地转向经济平等。

4. 社会治理情况

贫富差距归根结底是个社会问题。新华社（2017）报道指出："贫富差距、安全、失业、人口流动、社会保障等社会治理问题在各国都不同程度存在。"由此可见，我国已把贫富差距定义为社会治理问题。

习近平指出："社会治理应以人民为中心，不断改善民生，维护人民的权利，促进人民的幸福，各国要在科学、教育、文化、卫生和民间交往各领域开展广泛合作。"从社会治理角度研究贫富差距也因此有了必要性与紧迫性。

在社会治理方面，我们着重关注了土地税赋问题。韩松（2013）认为，好的土地政策可以把农民的人的城镇化与土地城镇化结合起来，这样可以在很大程度上避免城市化进程过快、城乡差距扩大、社会贫富差距拉大的问题。谢新明等（1999）认为对农村税收征管改革可以切实减轻农民负担。

5. 民族政策情况

杨新宇（2006）研究发现，人文文化对民族经济起促进作用，它可以起到改善经济运行机制和经济行为的作用；而经济发展与文化变革的脱节和相互阻碍是民族地区欠发达的重要根源之一。经济发展与文化变革是一个相互依赖、相互促进、相互制约的辩证过程。民族地区经济不发达，限制了文化教育事业发展；受过良好教育、具备良好素质的人才不足，又妨碍着经济的发展，这种经济发展与文化变革相脱节、相互阻碍的现象不利于民族地区经济发展。

马戎（2009）认为，中国社会发展中出现的收入差异主要体现在三个群体之间的差异，即区域差异、行业职业群体之间的差异和族群差异。政府统计资料和学者社会调查中所反映出来的存在于不同族群间的收入差距，如果采用问卷调查方法和统计分析，族群收入差距反映的主要是区域差异和职业差异，但是事实上也存在与族群身份直接相关的就业机会和收入方面的差距，这与我国的民族政策相关联。大量实际调查显示，族群差距客观上确实存在。

从新中国成立以来的发展路径来看，在新疆、西藏等少数民族聚居地区，社会矛盾多以民族矛盾的面目出现，在社会公平上的表现与民族政策息息相关，因而将民族政策纳入社会文化公平的分析维度也十分必要。

6. 教育资源情况

统计局数据显示，2017 年全年研究生教育招生 80.5 万人，在学研究生

263.9 万人，毕业生 57.8 万人；普通本专科招生 761.5 万人，在校生 2753.6 万人，毕业生 735.8 万人；中等职业教育招生 582.4 万人，在校生 1592.5 万人，毕业生 496.9 万人。具体如图 36 所示。虽然中等职业教育招生人数连续 5 年下降，但是普通本专科招生人数却连年上升。中高等教育的扩张一定程度上意味着我国教育水平的普遍提升。

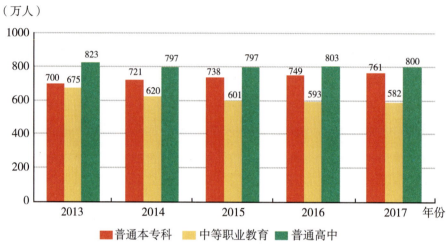

图 36　2013～2017 年普通本专科、中等职业教育、普通高中招生人数
资料来源：中华人民共和国 2017 年国民经济和社会发展统计公报。

2017 年，全国研究与试验发展（R&D）经费支出 17500 亿元，比 2016 年增长 11.6%，与国内生产总值之比为 2.12%，虽仍低于世界平均水平（2015 年为 2.227%），但已有较大提升。2017 年境内外专利申请 369.8 万件，授予专利权 183.6 万件；截至 2017 年年底，有效专利 714.8 万件。以上数据支撑教育水平提升的结论。

尽管如此，在教育资源分布上，我国仍存在着相当大的不平等。刘华军等（2013）的研究利用分省数据，采用高校数、学生数、教育经费投入、师生比、生均经费等五种指标对中国高等教育资源空间分布的非均衡与极化进行了实证研究。研究表明我国高等教育资源分布存在显著的空间非均衡特征，且两极分化程度呈明显上升趋势。此外，基尼系数测算表明以总量指标衡量的中国高等教育资源分布的地区差距要远远高于相对指标衡量的地区差距，地区间差距是造成总体差距的主要来源。

单德朋（2012）通过构建理论模型，分析了教育效能、教育结构与贫穷减缓的关系。他的实证研究表明：西部地区贫穷流动性较弱，存在持续贫穷的现象；由于教育质量和平均受教育年限的权衡替代，教育支出的减贫效果不显著；教育质量对城市减贫的作用比平均受教育年限更为显著；平均受教育年限对西部农村贫穷减缓具有"门槛"效应，且现阶段教育效能对农村减贫的整体作用为负。由于离技术前沿距离较远，中等教育对西部城乡减贫的意义更为显著。

2018年1月，教育部、国务院扶贫办出台了《深度贫困地区教育脱贫攻坚实施方案（2018~2020年)》，要求稳步提升贫困地区的教育基本公共服务水平，包括保障义务教育、发展学前教育、普及高中阶段教育、加快发展职业教育、加强乡村教师队伍建设等。由此可见，提升贫困地区教育水平、优化教育资源分布已被提上日程。因此在研究社会文化公平过程中将教育资源分布情况考虑在内十分必要。

（三）指标数据选择情况

本部分主要在前述分析的基础上，选择构建社会文化公平指数的指标，并结合数据收集渠道情况探讨其可行性。

1. 自然灾害情况

自然灾害是导致贫富差距的重要外在原因，每当重大自然灾害发生时，都是贫富差距急剧扩大、社会出现动荡的时候。在现有统计指标中，有两个方面的指标可用来反映自然灾害情况：一方面是各类农作物单位面积产量变化情况（选择谷物单位面积产量的年度增幅）和粮食产量增幅（选择粮食作物产量的年度增幅）；另一方面就是直接的自然灾害统计指标（选择地震灾害直接经济损失占当年全国GDP的比例）。根据数据可得性和综合性，最终选取1995~2016

年谷物单位面积产量年度增幅与粮食作物产量年度增幅的平均值来反映自然灾害情况。

2. 人口流动情况

从历史上历次社会动荡来看，人口流动加剧、流民增多往往伴随着社会贫富差距扩大，这也是导致社会动荡的重要原因，有几次农民起义本身就是流民起义，例如王小波李顺起义、唐赛儿起义、刘六刘七起义、白莲教起义等。在现有统计指标中，反映人口流动情况的指标包括全国人户分离的人口数、流动人口数，考虑到农民工是流动人口的重要组成部分，也还包括外出农民工人数。从数据可得性和指标综合性来看，最终选取 2000～2016 年流动人口与全国总人口的比例来反映人口流动情况。

3. 文化宗教情况

从历史上看，文化宗教问题对社会动荡有着重要影响，很多农民起义的前奏都是某种宗教的盛行，如红巾军起义、白莲教起义、太平天国运动等，而且这些文化宗教因素也是社会贫富差距状况在某个侧面的反映，正是因为贫富差距扩大、底层人民生活无依才会去寻找某种文化宗教寄托。文献中多用盖洛普国际联盟公布的全球信教人口调查统计中的信教人数反映文化宗教的变化情况，但我国没有该项指标的时间序列数据，也并无类似统计指标，所以未将此项纳入指数构建。

4. 社会治理情况

历史上显示的社会治理问题主要反映在土地兼并和税赋情况，这类数据在现代比较容易取得。由于我国当前采用的是土地公有制（包括国有和集体所有），所以并无土地兼并问题。这里的指标选择着重从税赋方面来考量。在现有统计指标中，有全国公共财政收入、全国税收收入、非税收入等指标反映了总体的税赋情况。从数据可得性和指标综合性角度考虑，最终选取 1993～2016 年全国公共财政收入与当年全国 GDP 的比例作为社会治理情况的指代指标。

5. 民族政策情况

从我国当前实际情况来看，少数民族地区的经济发展情况与居民生活情况，在一定程度上反映了民族政策的最终结果。在现有统计指标中，可以选择少数民族地区居民可支配收入与全国居民可支配收入的对比情况来反映民族政策效果，一般来说，差别越小，说明民族政策的效果越明显。考虑数据可得性和指标综合性，最终选取 1993~2016 年全国五个少数民族自治区城镇居民人均收入平均值与全国城镇居民人均收入的比例来反映民族政策情况。

6. 教育资源情况

教育资源的丰裕程度与均衡程度对社会公平状况有着重要影响，尤其是我国受传统文化以及传统官员选拔机制的影响，教育几乎是改变普通居民命运的最重要手段，所以教育资源情况也是构建社会文化公平指数的重要组成部分。在现有统计指标中，小学学龄儿童净入学率、普通高中升学率都反映了教育资源的均衡分布情况，教育经费收入、各层次教育的生师比等反映了教育资源的丰裕程度。根据数据可得性和指标综合性，选取 1993~2016 年教育经费收入与全国公共财政收入的比例反映教育资源的丰裕程度，选取 1993~2016 年小学学龄儿童净入学率和普通高中升学率的算术平均值反映教育资源的均衡分布程度，最终的教育资源指标用上述两个指标的算术平均值来反映，该指标取值越高，代表社会公平性越高。

三、金融公平指数

一般来说，金融因素属于经济因素的一部分，但考虑到当前宏观经济环境背景下金融因素的重要性以及金融因素的广泛性，故将金融因素单列进行专门讨论。财政分配和税收制度本应是重要的财富分布和公平因素，但在收入法、支出法和存量法财富的数据中已经包含了财政制度的基本结果，所以未将其单列讨论。

（一）相关文献回顾与理论探讨

在社会公平指数构建过程中考虑金融因素，其首要问题是要厘清金融因素与贫富差距和社会公平之间的关系，这是构建金融公平指数的前提，也是选取具体指标的理论基础。只有在对金融与贫富差距之间的关系进行深入全面分析的基础上，才能在贫富差距指数构建过程中将金融因素合理有效地纳入进去。一般来说，收入分配情况是贫富差距的最直观表现，例如，刘鹤（2013）在分析两次全球大危机的共同点时就指出"收入分配差距过大是危机的前兆"，并将"较少数的人占有较多的社会财富"作为衡量收入分配差距的指标[①]。所以上述问题在一定程度上也就演化为金融因素与收入分配情况之间的关系问题。应该说，学界关于这个问题的研究由来已久，相关研究成果也比较多，主要集中在理论探讨和实证研究两个方面。

所谓理论探讨就是具体研究金融因素对收入分配的影响机制、作用渠道、传导途径等。

1. 国外文献综述

国外对这方面的研究较早较多，主要集中在金融服务的财富门槛、投资决策、借贷利率等因素的分析。Greenwood 和 Jovanovic（1990）认为，享受金融服务存在一定的财富门槛，即享受金融服务需要付出一定的成本，进而认为在经济发展初级阶段，金融发展程度较低，尤其是金融市场规模小且金融服务成本高，只有少部分人有能力支付相应成本享受高收益，穷人因无力负担高额的金融服务费用而被排斥在金融市场外，由此造成收入差距不断扩大；当经济发展到较高水平时，金融发展程度较高，即金融中介规模扩大、金融市场发展完善、金融服务

[①] 作者使用的具体指标是最富1%家庭收入占总收入比例。书中收集的数据显示，1929年大萧条和2008年国际金融危机前夕，上述指标都达到了23%的高点。详细讨论可参见刘鹤（2013）主编的《两次全球大危机的比较研究》第9页。

成本下降，穷人通过财富积累有能力支付金融成本，穷人和富人可以享受同样的金融服务及其相应的高收益，因此穷人与富人之间的收入差距减小，直至收敛到均衡水平。Banerjee 和 Newman（1993）基于金融发展程度对人们工作选择和投资决策的影响，指出在金融体系不发达的情况下，最初的财富安排将对以后的收入产生长期的影响，表现为穷人的初始财富少，就难以通过贷款获得足够的资金运用于投资，而只能沦为富人的工人，因此穷人和富人之间的收入差距将长期存在。但是，随着金融发展程度的提高，穷人贷款变得相对容易，进而也可以进行投资，因此收入分配的差距将会缩小。Philipe 和 Bolton（1997）基于"涓滴理论"认为，金融发展开始时虽然会扩大贫富差距，但是随着富人资本的积累，市场上的资金将变得宽裕，借贷利率的下降有助于穷人参与金融市场，从而导致穷人和富人之间的收入差距减小。Ghatak 和 Jinag（2002）对 Banerjee 和 Newman（1993）的模型进行了简化，指出金融发展会降低投资门槛，从而促进经济增长，有缓解收入差距扩大的效果。

2. 国内文献综述

国内对此类问题的研究则相对较少。黄泽清（2017）对此做了较为全面深入的研究，他首先认为经济的金融化在改变整个世界的经济结构的同时，拉大了收入差距；进而在对金融化进行分析的基础上研究了金融化影响收入分配的三大机制，即工人内部分裂机制、食利者金融投机机制和工人消费信贷机制，通过对这三种机制的分析，都得出了经济金融化将会进一步扩大收入差距；最后在分析我国金融化现象的基础上，结合我国经济实际探究了金融化扩大我国收入差距的三种方式，并提出了若干政策建议。

（二）相关实证研究

所谓实证研究，主要是基于前述理论探讨，利用实际的历史数据来探讨金融发展与收入分配之间的关系，应该说，实证研究既有对前述理论探讨的验证，也有对前述理论探讨的质疑，并通过进一步细化指标对前述理论探讨进行了深化和补充。

1. 国外实证综述

国外关于金融发展与收入分配关系的实证研究主要基于全球的视角，通过采集不同样本，运用不同实证方法建立计量模型，得出了不同的结论。Clarke、Xu和Zou（2003）选取基尼系数、私人信贷/GDP作为变量，选出91个代表性国家，运用1960年开始36年的时间序列数据建立模型，得出金融发展与收入差距存在明显的负相关的结论；并进一步指出，如果金融发展加速人力资源向现代产业部门的流动，收入分配状况将趋于恶化。Beck、Demirguc-Kunt和Levine（2004）利用1980~2005年跨国数据进行研究，在解释变量中加入基尼系数的滞后项，同时关注金融发展对穷人收入的影响，发现金融发展对改善收入分配起到积极作用。

2. 国内实证综述

国内的相关研究主要基于金融发展的不同衡量指标来探讨金融发展与收入分配差距之间的关系。姚耀军（2005）通过因果检验法等手段，对我国1978~2002年间的数据进行了分析，发现金融规模的扩展对收入差距有消极影响，并指出中国金融由于非均衡发展而扩大了收入差距。陈伟国和樊士德（2009）在金融规模、金融活动和金融效率等三个主要指标衡量金融发展的基础上，利用OLS和GMM回归、协整检验和因果关系检验，指出由金融不发达演变为发达的过程中，确实存在着收入分配差距先减少后增加的现象。吴跃（2011）通过对广西1980~2010年时间序列数据的实证研究，发现金融发展规模、金融发展效率均与收入差距正相关，进而认为广西处于金融发展的初级阶段。鲁春义（2014）通过引入金融化构造一个新的利润分享模型，并根据该模型分析垄断、金融化对行业收入分配差距的影响，实证研究表明金融化与垄断程度的提高都将加剧行业收入分配差距，为此要从破除垄断、降低部分行业金融化水平入手缓解行业收入分配差距。刘思嘉（2017）选取金融发展规模指标、金融发展效率指标和城市化指标作为解释变量，实证研究发现金融发展与城乡收入差距之间存在稳定的均衡关系，其中城乡收入差距随着金融发展规模的扩张而扩大，随着金融发展效率的提高而缩小，并据此提出了相关政策建议。张凯妮、燕小青（2017）基于金融发展的规模和结构视角，选择 2000～2015 年浙江省金融相关率、金融结构、城乡收入差距三个指标构建 VAR 模型进行实证分析，发现金融规模与金融结构都会影响城乡收入差距，在短期内金融规模发展会扩大贫富差距，但长期有助于城乡收入差距的缩小；金融结构会持续扩大收入差距。

（三）文献评述

根据对现有相关文献梳理情况来看，金融发展状况会对贫富差距（或收入分配）产生影响，对影响的作用机制也进行了各种探索，并利用实际历史数据通过构建计量模型进行分析。国外的实证研究两个方向的结果都有，有的研究表明金融发展会扩大收入差距，有的研究表明金融发展会缩小收入差距。国内的实证研究结果更加复杂，这一方面是由于国内学者使用了各种不同的指标来衡量金融因素（或金融发展），另一方面也是由于我国特殊的金融发展阶段以及国内众多省份之间不同的金融发展状况所致。

现有文献中提出的用来衡量金融因素（或金融发展）的指标包括金融相关比例、金融规模、金融效率、金融结构、行业金融化水平等。应该说，上述这些主要金融因素已经从各个角度对金融进行了描述或衡量，但部分因素之间存在重叠或交叉，例如金融相关比例与金融规模，金融相关比例是戈德史密斯金融结构论的核心概念，也是用来衡量金融发展的核心指标，而现有许多实证文献中的金融规模因素，也大多用金融相关比例或类似指标来衡量。再如金融规模因素与金融结构因素，在金融规模因素中，一般会将存贷款/GDP、股市证券化/GDP、债券余额/GDP 等作为衡量金融规模的重要指标，而在金融结构因素中，这几个指标又可以用来衡量金融结构因素，存贷款/GDP 的值越大，说明整个金融体系中间接融资体系所占比重越大，这也反映了金融结构因素的重要方面。

（四）主要金融因素分析

金融说到底是一种资源配置手段或方式，而且随着经济金融化的日益深入发展，金融成为越来越重要的一种资源配置手段或方式，甚至成为核心的配置手段或方式。这也是金融被称为经济的核心的重要原因。既然金融是一种重要的甚至核心的资源配置手段或方式，那么到底金融的哪些方面会对贫富差距（或收入分配）产生影响呢？所以，为将金融因素全面纳入贫富差距指数构建中，有必要对主要金融因素进行全面分析，并简单探讨主要金融因素与贫富差距（或收入分配）之间的关系。由于如何构建金融（或金融发展）的衡量指标体系也有诸多文献进行讨论，这里就不再专门进行展开，这里只是基于现有文献提到的因素，侧重于从尽可能全面的角度勾勒出金融（或金融发展）的主要方面，为探寻具体衡量指标明确方向和理论基础。

1. 金融规模因素

金融规模反映了金融体系的整体数量情况，这也是金融发展情况的最直观体现和最初表现。根据现有文献分析，金融规模因素主要通过影响金融服务成本（或享受金融服务的财富门槛）和资金价格（降低借贷利率）来对收入分配产生影响。一般来说，随着金融规模的扩展，金融服务成本会由于规模效应的存在而逐步降低，穷人也可以逐步享受到相应的金融服务，同时金融规模的发展必然带来金融资源（例如资金量）的增加，由此必然带来资金价格的下降，更多的穷人也可以参与借贷市场并享受金融服务的投资高收益，从而逐步缩小收入差距。另外，从城乡二元经济结构来看，金融规模因素的影响主要是通过在规模扩大过程中金融资源配置的不均衡，导致金融发展初期阶段大量金融资源都集中于城市，从而造成城乡收入差距扩大。当然，在这一阶段有政府快速推行工业化战略的目的，农村金融发展主要是为了集中农村经济资源向城市转移从而发展工业，因此导致农村金融抑制，农村金融供需严重不匹配。但随着金融规模的不断增长，资金价格变得越来越便宜，金融机构在城市地区的盈利机会越来越少，金融资源必然由城市地区向农村地区溢出，金融机构也会出于利润动机不断开发新市场新客户而逐步向农村延伸。

2. 金融结构因素

金融结构反映了金融体系内部不同组成部分之间的比例情况，在通常的研究讨论中所提到的银行主导型金融体系和市场主导型金融体系，其主要衡量指标就是在整个金融体系中到底是以银行为主的间接融资体系占主导还是以资本市场为主的直接融资体系占主导，这就是最主要的金融结构。由于商业银行和资本市场在对不同经济主体间的资源配置偏好和风险分散方面存在巨大差异性，因此二者相对比例的金融结构变化对于解决不同经济主体的融资需求问题的程度和效率也是不一样的。一般来说，经济部门可以划分为劳动密集型部门和资本密集型部门，前者依靠劳动驱动，对资金需求量小，产业较为成熟，需要的技术产品可以通过进口和模仿发达国家来解决，产业的风险较小；后者以资本驱动，需要大量资金进行创新和研发来增强企业竞争力，但创新和研发具有不确定性，该类产业的技术创新风险和市场风险较高。不同的产业特征代表了不同的融资需求，对劳动密集型部门，由于银行具有强大的信息处理能力，可有效进行监管，且抵押和清算可以保护银行利益，有利于银行克服信息不对称，银行融资具有更高的资金配置效率；对资本密集型部门，随着研发创新的深入，为补偿风险需要支付更高的利息，并且银行审批贷款多需要抵押物，而资本市场则不同，由于其具有更好的风险分散机制和信息捕捉能力，更能为资本密集型部门提供更有利的资金支持。继续从城乡二元经济结构来看，资金密集型部门多集中在城市，劳动密集型部门多集中在农村，随着金融结构从银行主导型向市场主导型转变，对资金密集型部门的支持将更加有效和有力，从而会导致城乡收入差距进一步扩大。当然，不同金融结构的孰优孰劣，到现在为止并没有明确结论。而且关于金融结构因素的讨论还可以继续深入细化，例如还可以讨论债券市场融资与股票市场融资的比例问题，还可以讨论金融机构中中小金融机构或民营金融机构的数量占比和资产规模占比，还可以讨论金融机构中传统商业银行机构的资产规模占比和收入占比，等等，这些都是基于金融结构的角度对金融发展的不同描述。其中，对于贫富差距问题的研究而言，中小金融机构或民营金融机构的数量占比和资产规模占比有着重要意义。

3. 金融效率因素

金融效率反映的是金融体系在整体数量和内部结构的基础上所展现出来的运作效率，包括既定功能的发挥情况。与前面两个因素不同，金融效率因素更多地体现的是结果，至少从部分角度看属于结果（可称之为中间结果指标），而金融规模因素和金融结构因素更多的是对现有金融体系的客观描述。之所以将金融效率因素也作为构建贫富差距指数的组成部分，是为了在客观描述的基础上，更准确更完整地展现金融因素在贫富差距指数中的作用。既然金融效率因素更多地体现的是金融或金融发展情况对贫富差距影响的结果，所以在这里就无需对金融效率因素如何对贫富差距产生影响的作用机制进行分析，而只需对主要的与贫富差距有关的金融效率因素进行列示即可。按照前述分析，中间结果的金融效率因素主要包括资金价格高低（资金成本）、银行部门效率、资本市场活跃程度等；最终结果的金融效率因素主要包括小微企业获得贷款情况、小微企业进入资本市场情况、贫穷人口获得贷款情况、金融体系稳定情况等。

4. 金融创新因素

金融创新反映的是金融体系的自我创新和优化能力，尤其是对外部经济社会环境的适应能力。金融创新是维持金融体系稳定发展的前提，更是金融体系寻找新的利润增长点的内在要求。其对贫富差距（或收入分配）的影响，既体现在通过创新维持金融体系稳定发展从而对贫富差距产生影响，也体现在通过创新直接对贫富差距产生影响。一般来说，金融行业遵循"二八定律"，其本质是对金融服务财富门槛的另外一种表述。但在当前互联网金融蓬勃发展的情况下，"二八定律"逐步被打破，以前的金融服务财富门槛几乎不再存在。例如，随着互联网金融的发展，以前不能享受金融机构贷款服务的个体或机构，现在也可以在互联网的支持下获得相应的金融服务，这一方面是互联网相关技术增强了金融机构（或者是金融服务提供机构）的信息收集分析能力与客户筛选能力，从而导致金融服务范围的扩展；另一方面是互联网技术的普及，使越来越多的个体能够以比较低的成本接触或享受到相应的金融服务，并不再受到以前财富门槛的限制。这种创新的结果，一方面使以前不是金融服务对象的穷人被纳入金融服务的范围，另一方面使以前不是金融服务对象的穷人可以低成本地参与到各种金融服务交易中，所以必然带来贫富差距的缩小。目前，传统金融体系受到了越来越大的冲击，其自我创新和优化能力显得越来越重要，所以在此单列出来进行说明。

（五）指标数据选择情况

本部分主要在前述分析的基础上，选择构建金融公平指数的指标，并结合数据收集渠道情况探讨数据的可行性。

1. 金融规模因素

为了增强数据的可比性，金融规模因素指标均采用戈德史密斯金融相关比例的方法，用相关金融资源规模除以当年 GDP。具体来说，可选择的指标包括M2/GDP、金融机构存贷款余额/GDP、股市证券化（股票市值）/GDP、债券余额/GDP、社会融资总规模/GDP。这些指标分别体现了货币资金、银行存贷款、股票市值、债券余额、社会融资总规模等相对于当年 GDP 的比例，既有对主要类别金融规模因素的衡量，也有对整体金融规模因素的衡量，例如社会融资总规模。考虑到数据的可得性与数据时间序列长度，选择 1991~2014 年的股市证券化/GDP 和债券余额/GDP 的指标。

2. 金融结构因素

金融结构因素是对金融规模因素的细化，考虑到金融结构因素对贫富差距的影响，重点选择三类主要金融市场产品余额在整个社会融资规模中的占比来反映金融结构，即用银行、股票市场、债券市场的产品余额除以当年社会融资总规模，这也是区分银行主导型金融体系和市场主导型金融体系的基础。为了进一步体现金融结构因素对贫富差距的影响，还可以选择更为直接的金融结构因素指标，包括中小金融机构贷款规模占比（即中小金融机构贷款余额/全部银行业金融机构贷款余额）、银行业金融机构涉农贷款规模占比（即银行业金融机构涉农贷款余额/银行业金融机构贷款余额）。由于结构因素涉及更多信息，数据取得相对困难，所以在此并未选取相关指标。

3. 金融效率因素

从中间结果指标来看，资金价格或成本可选择存贷比差价（即存贷款利率差），银行部门效率可选择银行业金融机构的成本收入比，资本市场活跃程度可选择股市换手率。从最终结果指标来看，侧重于考察小微企业和扶贫贷款情况，具体来说可选择小微企业申贷通过率、小微企业贷款占比、小微企业股票市值占比、小微企业债券余额占比来反映小微企业享受的金融服务情况，可选择扶贫贷款占比来反映金融机构改善贫富差距的努力情况，金融稳定情况可选择商业银行资本充足率和股票市场股价波动率。考虑到数据的可得性与数据时间序列长度，选择1991~2014年的存贷比价差和股市换手率两个指标。

4. 金融创新因素

根据前面的分析，金融创新因素可选择商业银行非利息收入占比来反映商业银行金融创新的程度和效果，可选择商业银行IT技术投入占比来反映商业银行对IT技术的重视程度及未来的创新潜力，可选择互联网金融规模占比（即互联网金融融资规模/社会融资总规模）来反映当前社会融资总规模中利用互联网的情况。考虑到数据取得相对较为困难，所以在此并未选取相关指标。

四、小　结

社会公平涉及很多方面，除了居民贫富差距之外，我们还将法律公平性、社会文化公平性以及金融公平性纳入讨论社会公平的框架中。本章讨论了三个公平指数的指标选取与构建过程，我们将基于现有公开数据量化分析三种公平性指数，并结合贫富差距指数形成蒙格斯社会公平综合指数。

第五章

贫富差距指数与经济增长的拐点分析

如第一章所述，适度的财富差距有益于形成个体之间的比较，从而激发个体创造财富的积极性，并且形成整个社会范围内的合理竞争机制。但当贫富差距超过一定范围后，这种差距的影响则是破坏性的，它将会给经济和社会发展带来非常严峻的问题。基于这一点，本章把贫富差距作为自变量，把国家经济增长作为被解释变量进行拐点分析。

一、拐点分析的指标设定

（一）作为自变量的贫富差距指数

为了提供一个较长历史视角的实证分析，我们采用以中国部分省份工资和生活费支出构建的全国贫富差距的指数，时间跨度为 1991~2015 年。从表 8 的统计数据可以看出，两个贫富差距指数的差别不大，均值为 0.36 和 0.38，从最大值、最小值、中位数、标准差等数据来看，两个贫富差距指数在数据特征上具有一致性。

表 8　工资与生活费支出贫富差距指数描述性统计

统计量	WG1	WG2
平均值	0.36	0.38
最大值	1.00	1.00
最小值	0.00	0.00
中位数	0.28	0.33
标准差	0.30	0.30

（二）法律公平指数

除了自变量，我们将法律公平指数、社会文化公平指数和金融公平指数纳入到统一框架中，分析这三个因素的经济后果。

法律公平指数部分采用信访总量、审结一审案件总量、再审结案总量、治安案件查处总量四个维度进行衡量，其中信访总量使用全国人民法院来访和全国人民法院来信总量之和度量，具体数据如表 9 所示。

表 9　法律公平指数的四个维度

年份	信访总量（件）	审结一审案件总量（件）	治安案件查处总量（件）	再审结案总量（件）
1990	5277241	2921806	1835779	208409
1991	5120617	2950880	2240648	230864
1992	5961254	3049959	2529614	236800

年份	信访总量 （件）	审结一审案件总量 （件）	治安案件查处总量 （件）	再审结案总量 （件）
1993	5658731	3406467	2839124	219628
1994	5847948	3943095	2865754	239938
1995	6361495	4533551	2968220	271741
1996	6960162	5285171	3117623	321962
1997	7131469	5249460	3003799	340896
1998	9351928	5395039	2994282	379206
1999	10691048	5698705	3105940	436804
2000	9394358	5380611	3823011	469545
2001	9148816	5336248	4851600	497978
2002	3656102	5106798	5196988	474910
2003	3973367	5139371	4869591	492612
2004	4220182	5040184	5365788	500529
2005	3995244	5139888	6300772	518143
2006	3548504	5178838	6153699	529527
2007	3026370	5504086	7649785	544369
2008	1520946	6258400	8772299	645070
2009	1357602	6684436	11053468	731734
2010	1066687	7022142	12122138	730931
2011	790330	7534955	12563823	704121
2012	800878	8321348	13310741	724535
2013	714540	8585235	12746493	749990
2014	758386	9164323	11202612	877751
2015	798961	10873129	10971620	1115334

为了形成统一指数，对四个变量进行去中心化处理如下：

$$\text{index} = \frac{x - \min}{\max - \min} \qquad (5-1)$$

其中，x 代表信访总量、审结一审案件总量、再审结案总量、治安案件查处总量四个变量，然后将去中心化的四个变量进行加总得到法律公平指数，法律公平指数越高代表法律越不公平。如表 10 所示，我们统计分析了样本期间法律公平指数的数值特征，法律公平指数的平均值为 1.61，标准差为 0.61，最大值为 3.09，最小值为 0。

表 10　法律公平指数描述性统计

统计量	法律公平指数
平均值	1.61
最大值	3.09
最小值	0.00
中位数	1.52
标准差	0.61

（三）社会文化公平指数

根据前述分析，社会文化方面的相关因素包括如下六个：自然灾害情况、人口流动情况、文化宗教情况、社会治理（土地税赋）情况、民族政策情况、教育资源情况等。整体来说，这六个方面的社会文化因素都属于定性指标，但从研究的精确性和可计量性以及纳入整个贫富差距指数的需要来看，有必要对这些定性指标进行量化。其主要思路就是，在现有统计指标的基础上，根据统计指标与这六个因素的相关性，构造出反映这六个因素变化的指代变量。① 由于我国没有文化宗教相关指标的时间序列数据，下面分别对其余五个因素的数量指标赋值。

---

① 所有统计指标和统计数据都来源于中经网统计数据库。

表 11　社会文化因素的数量指标

项目 指代指标	自然灾害 农作物产量 增幅 （%）	人口流动 流动人口 比率 （%）	社会治理 税费负担 （%）	民族政策 五个自治区城镇居民 人均收入平均值/全国 城镇居民人均收入 （%）	教育资源 教育资源丰裕 与均衡指标 （%）
1993			12.19	75.34	47.44
1994			10.73	74.92	50.54
1995	4.19		10.18	73.96	52.14
1996	6.58		10.32	76.16	52.72
1997	−1.76		10.85	76.10	51.51
1998	3.19		11.59	76.97	51.18
1999	−0.46		12.64	92.56	55.36
2000	−6.49	0.0010	13.36	92.19	57.44
2001	−0.53	0.0010	14.78	93.33	58.61
2002	1.37	0.0010	15.53	89.35	60.02
2003	−3.01	0.0011	15.80	87.98	59.81
2004	7.72	0.0011	16.31	86.27	59.09
2005	1.91	0.0011	16.90	83.75	57.16
2006	2.27	0.0012	17.66	80.35	56.25
2007	0.45	0.0013	18.99	82.52	54.28
2008	4.84	0.0014	19.19	82.92	54.88
2009	−0.70	0.0015	19.63	82.83	56.29
2010	2.18	0.0016	20.12	82.40	57.52
2011	3.91	0.0017	21.23	81.20	58.06
2012	2.63	0.0017	21.70	81.56	58.93
2013	1.65	0.0018	21.71	84.37	58.58
2014	0.40	0.0018	21.80	84.27	59.19
2015	1.97	0.0018	22.10	85.87	59.96
2016	−0.37	0.0018	21.45	86.10	60.47

对五个因素分别区分正向指标和负向指标，然后采用功效计分法进行计分，计分范围选择为 0~10 分，最后我们对五个因素的数值取均值形成社会文化公平指数，具体数值如表 12 所示。表 14 是社会文化公平指数和下文所涉及的金融公平指数的描述性统计结果，从中可以看出样本内社会文化公平指数的平均值为 4.64，最大值和最小值分别是 7.84 和 3.09。

表 12　社会文化因素的数量指标计分

项目	自然灾害	人口流动	社会治理	民族政策	教育资源
指代指标	农作物产量增幅	流动人口比率	税费负担	五个自治区城镇居民人均收入平均值/全国城镇居民人均收入	教育资源丰裕与均衡指标
2000	—	10.00	10.00	9.12	5.11
2001	4.19	9.62	8.37	10.00	7.00
2002	5.53	9.24	7.51	6.93	9.27
2003	2.45	8.86	7.20	5.87	8.93
2004	10.00	8.48	6.62	4.56	7.77
2005	5.91	8.11	5.95	2.62	4.66
2006	6.16	6.91	5.07	—	3.19
2007	4.88	5.73	3.55	1.67	—
2008	7.97	4.56	3.32	1.97	0.96
2009	4.07	3.40	2.83	1.91	3.25
2010	6.10	2.25	2.26	1.58	5.23
2011	7.32	1.59	0.99	0.65	6.11
2012	6.42	1.19	0.46	0.93	7.52
2013	5.73	0.55	0.45	3.10	6.94
2014	4.85	—	0.34	3.02	7.93
2015	5.95	0.59	—	4.25	9.18
2016	4.31	0.87	0.74	4.43	10.00

（四）金融公平指数

金融公平指数方面，限于数据的可获得性，我们从金融深度和金融效率两个方面进行度量，其中金融深度我们采用股市证券化占 GDP 的比重和债券余额占 GDP 的比重进行衡量，金融效率以存贷比差价和股票换手率进行度量，具体数据如表 13 所示。

表 13　金融公平指数的数量指标

年份	股市证券化/GDP（%）	债券余额/GDP（%）	存贷比差价	股票换手率
1991	0	0.01	0.3	0.20
1992	0.05362	0.01	0.3	0.17
1993	0.073679	0.00	0	0.30
1994	0.049891	0.00	0	0.08
1995	0.088466	0.01	0.3	0.52
1996	0.185676	0.02	0.725	0.33
1997	0.244053	0.06	0.825	0.13
1998	0.301402	0.09	0.725	0.14
1999	0.458917	0.12	1	0.18
2000	0.504565	0.13	1	0.03
2001	0.404655	0.17	1	0.00
2002	0.367237	0.21	0.925	0.02
2003	0.294458	0.33	0.925	0.07
2004	0.215893	0.51	0.925	0.04
2005	0.33792	0.62	0.925	0.16
2006	1	0.61	1	0.31
2007	0.944837	0.71	0.925	0.09

年份	股市证券化/GDP （%）	债券余额/GDP （%）	存贷比差价	股票换手率
2008	0.65758	0.72	0.85	0.45
2009	0.789379	0.71	0.85	0.30
2010	0.633278	0.64	0.85	0.21
2011	0.510094	0.72	0.85	0.15
2012	0.487077	0.73	0.833333333	0.27
2013	0.582873	0.81	0.833333333	0.35
2014	0.793879	1.00	0.791666667	1.00

四个指标都进行了去中心化处理，其中股市证券化占 GDP 的比重、债券余额占 GDP 的比重以及股票换手率越高，代表金融公平性越高，但存贷比差价越高，代表金融公平性越低，我们将存贷比差价进行逆向处理，即采用 1 减去存贷比差价得到反映公平性的存贷比，然后对四个指标进行均值化处理得到金融公平指数。从统计数据特征来看，表 14 显示，样本期间金融公平指数的平均值为 0.44，中位数为 0.42，金融公平指数年度之间差别较小。

表 14 社会文化公平指数和金融公平指数的描述性统计

统计量	社会文化公平指数	金融公平指数
平均值	4.64	0.44
最大值	7.84	1.00
最小值	3.09	0.00
中位数	3.88	0.42
标准差	1.77	0.22

二、拐点分析的计量过程

（一）贫富差距拐点的理论解释

库兹涅茨（Simon Kuznets，1955）提出了经济发展情况和居民收入不平等之间存在"倒 U 型曲线"的观点，并通过对一些国家的长期历史统计数据的测算，以及发达国家的历史性情况与发展中国家之间的横向比较验证了假设。国内一些研究也发现贫富差距对经济的影响存在拐点效应。如尹恒等（2005）发现中国的收入分配不平等与经济增长间存在一定程度的库兹涅茨倒 U 型关系。张欣、丁力（2013）研究了改革开放 30 年间的贫富差距与经济增长二者之间的关系，呈现出倒 U 型关系，即在一定时期及一定阶段内，贫富差距有利于经济增长，但随着贫富差距进一步拉大，将阻碍经济的进一步增长。可见，贫富差距对经济增长存在多重效应。首先，由于每个人的天赋、努力程度、资源掌控等方面存在差异，在按劳分配原则下，多劳多得、少劳少得，社会中贫富差距的出现是客观经济规律的结果。适当的贫富差距能够调动人们生产、创造的积极性，提高整个社会的效率，也即适当的贫富差距能够展现出一定的"动力"效应。但当贫富差距超过一定界限之后，社会财富集中于少数人手中，大部分居民的生产、创造积极性被抑制，整个社会的效率也随之降低，过大的贫富差距带来"破坏力"效应。基于此，我们将从拐点的视角，分析贫富差距带来的影响。

我们先对贫富差距指数和 GDP 增长率进行画图分析，从图 37 可以看出，贫富差距指数对经济增长的影响并非完全线性的关系，存在周期性的影响。但贫富差距指数比较低的时候，经济增长速度开始上升，但到 0.05 左右的水平，GDP 增速下降，直到贫富差距指数为 0.2 左右水平，GDP 增速下降到最低点；当贫富差距指数处于 0.2~0.5 之间时，随着贫富差距指数的提高，GDP 增速也提高；

当贫富差距指数处于 0.5 以上水平时，随着贫富差距指数的提高，GDP 增速不断下降。总体来看，当贫富差距指数在一定量级（0.2）以上时，贫富差距指数与 GDP 增速大致存在倒 U 型的非线性关系，即当贫富差距水平比较低时，对经济增长具有促进作用，但当居民贫富差距超过一定界限值时，贫富差距水平的提高将对经济增长产生抑制作用。

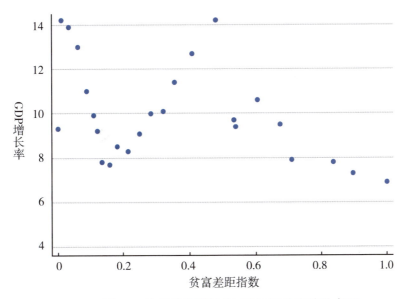

图 37　贫富差距指数和 GDP 增长率的散点图

（二）贫富差距的"差异"拐点

从图 37 中可以看出，当贫富差距指数在 0.2 以下的低值区时，贫富差距指数和 GDP 增长率呈现负相关的关系。我们提供了两种理论解释，一是贫富差距指数较低意味着居民之间的贫富差距较小，财富未能发挥其有效的激励效应；二是当贫富差距较小时，社会财富分配两极分化现象不严重，经济增长降低了居民之间的贫富差距，而当贫富差距指数高于 0.2 时，社会财富分配的两极分化现象开始加重，经济增长对降低居民贫富差距的影响逐渐消失。为了验证第二种理论解释，我们按照贫富差距指数等于 0.2 作为分界点，对两段区间中贫富差距指数和 GDP 增长率的关系进行了格兰杰因果检验。结果如表 15 所示，我们可以看出当贫富差距指数低于 0.2 时，GDP 增长率与贫富差距指数互为因果关系，而当贫富差距指数高于 0.2 时，GDP 增长率对贫富差距指数没有格兰杰因果影响，但贫富差距指数仍然是 GDP 增长率的格兰杰原因。

表 15　贫富差距指数和 GDP 增长率的格兰杰因果检验

贫富差距指数取值区间	因变量	自变量	格兰杰检验 F 值	格兰杰检验 Chi² 值
[0, 0.2]	GDP 增长率	贫富差距指数	43.14***	64.71***
	贫富差距指数	GDP 增长率	4.53*	6.80***
(0.2, 1]	GDP 增长率	贫富差距指数	3.44*	4.30**
	贫富差距指数	GDP 增长率	0.00	0.00

（三）贫富差距的"黄金"拐点

表 16 列举了贫富差距指数对经济增长率的回归结果，从图 37 可以看出贫富差距指数和 GDP 增速的关系是分段的，而且从图中可以看出，贫富差距指数与 GDP 增长率的关系并非线性关系，基于此我们在回归模型中加入二次项。我们以贫富差距指数等于 0.2 作为分界点，考察贫富差距指数在不同阶段时二者关系的变化情况。按照以下模型进行回归分析：

$$\text{gdp}_i = \beta_0 + \beta_1 \text{WG}_i^2 + \beta_2 \text{WG}_i + \varepsilon_i \tag{5-2}$$

其中，gdp_i 代表的是中国当年的 GDP 增长率，WG_i 是中国当年贫富差距指数，WG_i^2 是中国当年贫富差距指数的平方。

从表 16 可以看出，当贫富差距指数小于 0.2 时，贫富差距指数二次项与 GDP 增长率显著负相关，贫富差距指数一次项也与 GDP 增长率显著负相关，表明贫富差距指数与 GDP 增长率可能存在倒 U 型的非线性关系或是斜率为负的线性关系。但将二者放到同一个模型进行回归分析，发现贫富差距指数二次项和贫富差距指数一次项并没有显著影响 GDP 增长率。这部分值有可能存在异常值的影响，因此贫富差距指数对 GDP 增长率的影响不稳定。

表16　贫富差距指数对经济增长率的回归结果（贫富差距指数小于0.2）

	（1） gdp	（2） gdp	（3） gdp
WG^2	-165.124** (-3.25)		-159.974 (-0.83)
WG		-28.680** (-2.99)	-0.969 (-0.03)
_cons	12.355*** (15.50)	13.024*** (12.62)	12.382*** (9.49)
N	10	10	10
R^2	0.5695	0.5269	0.5695
F	10.583	8.911	4.631

我们对贫富差距指数高于 0.2 的样本进行了实证分析，如表 17 所示，第（1）（2）列分别为贫富差距指数一次项和二次项对经济增长率的回归结果，可以看出贫富差距指数二次项与 GDP 增长率显著负相关，说明随着贫富差距指数的提高，经济增速在下降；但从一次项的回归结果来看，贫富差距指数一次项也与 GDP 增长率显著负相关，结合第（1）列的结果可以看出，贫富差距指数与 GDP 增长率存在显著的倒 U 型的非线性关系。我们将贫富差距指数一次项和二次项放到一个模型中分析贫富差距指数对经济增长速度的影响，发现贫富差距指数二次项仍然与 GDP 增长率显著负相关，但一次项与 GDP 增长率显著正相关。这是由于模型设置不同，导致贫富差距指数一次项对 GDP 增长率产生不同的影响。从第（3）列的结果可以看出，贫富差距指数与 GDP 增长率存在显著的倒 U 型的非线性关系，而且拐点在贫富差距指数等于 0.463 左右，对应的时间为

2006~2007 年之间，我们将该拐点定义为贫富差距的"黄金"拐点，贫富差距在这个水平左右对经济增长的动力效应最高。

表 17　贫富差距指数对经济增长率的回归结果（贫富差距指数大于 0.2）

	(1) gdp	(2) gdp	(3) gdp
WG^2	−4.076** (−2.68)		−18.662** (−2.55)
WG		−4.177* (−2.14)	17.781* (2.03)
_cons	11.080*** (16.23)	11.919*** (10.35)	6.544** (2.82)
N	15	15	15
R^2	0.3559	0.2605	0.5203
F	7.183	4.580	6.508

我们进一步将法律公平指数、社会文化公平指数和金融公平指数纳入到回归模型中，具体回归模型如下：

$$gdp_i = \beta_0 + \beta_1 WG_i^2 + \beta_2 WG_i + \beta_3 lawindex_i + \beta_4 his_i + \beta_5 finance_i + \varepsilon_i \qquad (5-3)$$

其中，gdp_i 代表的是当年的 GDP 增长率，WG_i 是中国当年贫富差距指数，WG_i^2 是中国当年贫富差距指数的平方，$lawindex_i$ 代表的是中国当年法律公平指数，his_i 代表的是中国当年社会文化公平指数，$finance_i$ 代表的是中国当年的金融公平指数。

回归结果如表 18 所示。由于法律公平指数和社会文化公平指数对应的贫富差距指数都高于 0.2，从分析结果可以看出，法律公平指数越高，GDP 增长率越低，但影响的显著性比较低；社会文化公平指数显著降低了 GDP 的增速，说明社会公平指数显著降低了经济增长速度，这与我们观察到的社会现象相一致。在一味追求经济增长速度的时期，社会的公平性逐渐失衡，资源逐渐聚集。为了让社会均衡发展，提高社会的公平性，就要牺牲经济增长速度。社会的稳定发展就是要在发展与公平之间不断调整均衡水平。金融公平指数能够促进经济增长的速度，但是没有通过显著性检验。

表 18　加入法律公平指数、社会文化公平指数、金融公平指数的回归结果

	（1）gdp	（2）gdp	（3）gdp	（4）gdp
WG^2	−4.803*（−1.94）		23.222（1.42）	6.275（0.31）
WG		−7.316*（−2.00）	−36.650（−1.75）	−16.614（−0.65）
lawindex	−1.832（−1.24）	−1.710（−1.08）	−3.746（−1.53）	−4.051（−1.65）
his	−0.608*（−1.85）	−0.854*（−1.97）	−1.565**（−2.54）	−1.014（−1.21）
finance				3.272（0.68）
_cons	16.427***（7.04）	19.710***（5.79）	33.315***（3.38）	24.029（1.76）
N	15	15	15	14
R^2	0.6461	0.6739	0.7288	0.7660
F	4.300	4.799	6.717	5.237

（四）贫富差距的"破坏"拐点

我们还使用 GDP 总量作为被解释变量，进行了稳健性分析，由于经济增长

总量一直是向上的增长趋势,我们没有进行分段回归分析。具体模型如公式(5-4)所示:

$$\text{lngdpzhi}_i = \beta_0 + \beta_1 \text{WG}_i^2 + \beta_2 \text{WG}_i + \beta_3 \text{lawindex}_i + \beta_4 \text{his}_i + \beta_5 \text{finance}_i + \varepsilon_i \quad (5\text{-}4)$$

其中,lngdpzhi_i 代表的是中国当年的 GDP,因为回归计算需要,取其自然对数,WG_i 是中国当年贫富差距指数,WG_i^2 是中国当年贫富差距指数的平方,lawindex_i 代表的是中国当年法律公平指数,his_i 代表的是中国当年社会文化公平指数,finance_i 代表的是中国当年的金融公平指数。

结果如表 19 所示,我们发现贫富差距指数二次项与 GDP 总量显著负相关,贫富差距指数一次项与 GDP 总量显著正相关,即贫富差距指数与 GDP 总量也存在倒 U 型的非线性关系,拐点出现在贫富差距指数等于 1 左右的水平附近,对应的时间为 2015 年。当贫富差距指数低于 1 时,贫富差距处于合理状态,合理的贫富差距提高了居民的工作动能,有利于促进经济增长,但超过临界值 1 后,随着贫富差距进一步提高,贫穷人口会有日益强烈的被剥削感,缺乏合作精神,工作的动能被抑制,在一定程度上抑制了经济总量的提升。我们将此拐点定义为贫富差距的"破坏"拐点,超过该值的贫富差距将对经济总量产生破坏性的影响,经济增长带来的财富将更加集中于富人阶层,贫富分化更加严重,有可能进一步引发经济衰退和更严重的社会问题。控制变量方面,我们发现法律公平指数能够显著提高国民生产总值,但社会文化公平指数、金融公平指数对国民生产总值没有显著的影响。

表 19　使用 GDP 总量作为被解释变量的回归结果

	（1）lngdpzhi	（2）lngdpzhi	（3）lngdpzhi	（4）lngdpzhi
WG²	−3.258 *** (−9.70)	−3.437 *** (−14.52)	−3.691 *** (−10.15)	−3.286 *** (−7.71)
WG	6.267 *** (19.68)	6.164 *** (27.67)	6.813 *** (14.33)	6.329 *** (12.61)

	（1）lngdpzhi	（2）lngdpzhi	（3）lngdpzhi	（4）lngdpzhi
lawindex		0.327*** （4.93）	0.182*** （4.52）	0.175*** （3.64）
his			0.024 （1.75）	0.007 （0.44）
finance				−0.128 （−1.27）
_cons	10.357*** （182.38）	10.062*** （140.11）	9.855*** （46.11）	10.142*** （37.55）
N	25	25	15	14
R^2	0.9847	0.9929	0.9989	0.9990
F	709.903	983.473	4754.707	1568.221

我们还分析了贫富差距指数对居民消费水平的影响，消费水平数据来自《中国统计年鉴》，回归模型如公式（5-5）所示：

$$\ln xiaofei_i = \beta_0 + \beta_1 WG_i^2 + \beta_2 WG_i + \beta_3 lawindex_i + \beta_4 his_i + \beta_5 finance_i + \varepsilon_i \qquad (5-5)$$

其中，$\ln xiaofei_i$ 代表的是中国当年的居民消费水平，因为回归计算需要，取其自然对数，WG_i 是中国当年贫富差距指数，WG_i^2 是中国当年贫富差距指数的平方，$lawindex_i$ 代表的是中国当年法律公平指数，his_i 代表的是中国当年社会文化公平指数，$finance_i$ 代表的是中国当年的金融公平指数。

结论如表20所示，我们发现贫富差距指数二次项与居民消费水平显著负相关，贫富差距指数一次项显著提高了居民的消费水平，也就是说贫富差距指数与居民消费水平也存在显著的倒 U 型关系，拐点也出现在贫富差距指数等于 1 的水平上，对应的时间为 2015 年，这与上文中贫富差距指数影响国内生产总值的拐点相一致。说明当贫富差距指数小于 1 时，适当的贫富差距能够促进居民消费支出的增加，但是当贫富差距指数超过 1 时，随着贫富差距的提高，居民总体的消费量被抑制。控制变量方面，我们发现法律公平指数能够显著提高居民的消费支出，金融公平指数显著降低了居民的消费支出，但社会文化公平指数对居民的消费支出没有显著的影响。

表20 贫富差距指数对居民消费水平的回归结果

	（1） lnxiaofei	（2） lnxiaofei	（3） lnxiaofei	（4） lnxiaofei
WG^2	-2.518^{***} (-6.13)	-2.742^{***} (-10.91)	-2.637^{***} (-4.00)	-1.652^{**} (-2.87)
WG	5.095^{***} (11.24)	4.967^{***} (20.65)	5.319^{***} (6.11)	4.144^{***} (6.05)
lawindex		0.408^{***} (5.27)	0.168^{**} (2.60)	0.158^{**} (2.41)
his			0.035 (1.37)	-0.005 (-0.24)
finance				-0.288^{*} (-2.12)
_cons	7.208^{***} (71.45)	6.839^{***} (63.90)	6.735^{***} (17.35)	7.405^{***} (20.28)
N	25	25	15	14
R^2	0.9720	0.9897	0.9956	0.9972
F	498.509	782.728	1991.994	666.272

三、中国贫富差距现状

通过比照贫富差距指数和差异、黄金及破坏三个拐点，结合指数发展趋势，可以将我国1991年以来的贫富差距演变情况分为以下四个阶段，如图38所示：

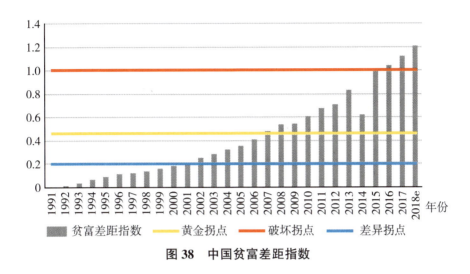

图 38　中国贫富差距指数

第一阶段：财富绝对平均（1991~2001 年）

计划经济向市场经济的转轨在 20 世纪 90 年代初期初见成效，市场经济的体制机制逐步建立健全，各行业在转轨的推动下迎来了全新的局面。在这种情况下，一定程度的贫富差距有利于经济增长，让一部分地区一部分人先富起来，带动和帮助其他地区的人逐步达到共同富裕，这也是邓小平改革开放的重要思想之一。在此阶段，财富处在绝对平均阶段，居民之间的贫富差距较小，财富未能发挥其有效的动能激励效应。

第二阶段：差异带来动力，逐步接近黄金拐点（2001~2007 年）

随着中国加入世贸组织，国内经济与全球经济进一步接轨，中国社会竞争秩序、制度环境有了比较明显的改善，投资机会的增多使得有前瞻性的企业家真正先富起来，与之伴随的是贫富差距的扩大。2006~2007 年之间，贫富差距达到黄金拐点，在这个水平左右对经济增长的动力效应最高。

第三阶段：贫富差异扩大（2007~2015 年）

2007~2015 年，贫富差距指数超过黄金拐点，进一步增长。在此阶段，中国的房地产市场呈现蓬勃发展的态势，以北上广深为代表的一线城市，住房价格出现了火箭式上升，这加剧了中国居民贫富差距程度。与此同时，金融市场的高速膨胀也使部分居民财富缩水，这也扩大了贫富差距。虽然此阶段贫富差距指数超过黄金拐点，但依然低于破坏拐点（小于1），处于合理状态。合理的贫富差距提高了居民的工作动能，促进了经济增长。

第四阶段：贫富分化严重（2015年至今）

2015年以后，贫富差距指数突破破坏拐点，对国民经济的影响进入负向阶段。当前，我国经济进入新常态，房地产市场尤其是北上广深等大都市的房地产价格保持高位，进一步加剧了贫富分化程度。此外，社会融资成本居高不下使得小企业尤其是村镇地区的小企业难以生存，这使财富更加集中于富人阶层。贫富分化的进一步恶化有可能进一步引发经济衰退和更严重的社会问题。

四、小 结

本章实证分析了贫富差距指数对经济增长的拐点效应，以贫富差距指数是否高于0.2进行了分段分析，发现贫富差距指数与经济增长存在三个拐点：差异拐点（0.2）、黄金拐点（0.463）及破坏拐点（1）。当贫富差距指数在0.2以下的低值区时，贫富差距指数和GDP增长率呈现负相关的关系，而当贫富差距指数高于0.2时，差距的动力效应开始显现。贫富差距指数对GDP增长率的黄金拐点对应的时间约在2006~2007年之间，贫富差距在这个水平左右对经济增长率的拉动作用最强。通过分析贫富差距指数对经济总量的影响，发现贫富差距在2015年左右对经济总量存在破坏拐点，超过该拐点的贫富差距将对经济总量的增长产生破坏性抑制作用，经济增长带来的财富将更加集中于富人阶层，贫富分化更加严重，有可能造成经济衰退。2018年贫富差距指数预计高达1.214，已远超破坏拐点。

第六章

贫富差距与社会发展

贫富差距作为一个社会问题，不仅会对经济增长产生重要影响，也会对社会其他方面产生深刻影响。贫富差距带来的公平失衡感会使部分居民对社会产生负面情绪，甚至导致地区犯罪事件的发生，成为影响社会稳定的重要因素。此外，穷人与富人的边际消费倾向不同，过大的贫富差距不仅会对整个社会居民的消费倾向产生影响，还会对居民的未来预期和婚姻状况、地区经济发展和人口增长情况产生影响。本章将重点分析贫富差距对这些社会问题的影响，以期望从不同视角量化贫富差距的后果。

一、贫富差距与社会稳定

（一）贫富差距影响社会稳定的理论解释

国际经验表明，在人均 GDP 达到 1000 美元的发展时期，容易出现社会不稳定问题，其中很重要的原因是不断扩大的贫富差距，中国目前正处于这样一个发展阶段，贫富差距的不断扩大已经成为中国社会稳定的潜在威胁。多数西方国家能够长期保持社会稳定，一个重要原因就是这些国家贫富差距相对比较合理。在亚洲金融危机中，韩国比其他东南亚国家恢复更为迅速，这与韩国贫富差距较小、收入分配结构比较合理不无关系。改革开放以来，人民群众的整体生活水平有了普遍的提高，但人民群众的综合满意率不但没有提高，反而下降了，主要原因就是贫富差距过大，不合理、不合法收入普遍存在，加之腐败案件的频繁发生，使低收入者对当权者产生了普遍的怀疑、厌恶心理。

国家统计局课题组曾建议用社会安全系数、城乡居民收入比、基尼系数、城镇调查失业率、基本社会保障覆盖率等指标来监测社会稳定，但贫富差距与社会稳定情况是否存在关联、作用机制是什么等问题还没有一致答案。

在建构财富分化与社会稳定之间的关系时，重要的是勾勒财富分化与居民幸福感之间的关系。在收入较低时，随着绝对收入的增加居民的幸福感会提高，而当收入增加到一定程度时，居民幸福感更多取决于相对收入，即存在攀比效应。不同社会结构形态下，人们对于相对收入的容忍与感知是存在差异的，财富分化引发了居民的不公平感，减弱了居民幸福感，而居民的不公平感和不幸福感是导致社会冲突、社会不稳定的重要因素。

更加严峻的是，贫富差距降低了低收入群体的抗风险能力。疾病、意外事故等都能使低收入家庭崩溃，引发低收入群体不满、怨恨等消极情绪，居民进而因为家庭脆弱产生不安全感。而高收入群体作为既得利益者愿意维持现有的社会分配体制，造成居民在这个问题上的对立。这种对立可以从情绪层面发展到社会冲突，成为社会不稳定的重要影响因素。

此外，财富分化加剧下资源分配不均，从客观层面影响着居民的生活与发展。比较受学者关注的一点是，贫富差距使得医疗资源配置不均衡，比如农村地区与城镇地区的医疗资源存在强烈对比，这也会造成低收入群体的健康水平相对较低，进而不利于社会稳定。

探寻贫富差距与社会稳定的关系时，城乡区域划分是学者进行对比研究所采用的常用方法，经济的发展和政府社会保障体系的完善是调节上述关系的重要手段。

由于上述原因，如本书第一章中的解释，贫富差距带来的社会心理效应，使得富有者对贫困者越来越戒备，而贫困者对富有者越来越仇视，从而产生了社会学意义上的人群分裂，成为社会不稳定的基本原因。当然，关于贫富差距是如何引发社会不稳定的更多原因目前还没有系统性证据，本部分试图就这个问题提供中国的实证分析。

（二）数据来源和指标说明

治安环境我们采用中国家庭金融调查数据库中的数据，具体问题为："您感觉周围的社会治安如何？1. 非常好；2. 好；3. 一般；4. 不太好；5. 很差"，我们基于每个省份的微观数据，采用省份内的均值衡量该省份居民对治安环境的评价，治安环境值越大，表明该地区的治安环境越差。在实证过程中我们控制了各省份人均 GDP 对社会治安环境的影响，数据来自中经网数据库。

（三）回归结果说明

$$治安环境_i = \beta_0 + \beta_1 \, 贫富差距-收入_i + \beta_2 \, 贫富差距^2-收入_i + \beta_3 \, 人均 GDP_i + \varepsilon_i$$

$$治安环境_i = \beta_0 + \beta_1 \, 贫富差距-支出_i + \beta_2 \, 贫富差距^2-支出_i + \beta_3 \, 人均 GDP_i + \varepsilon_i \quad (6-1)$$

$$治安环境_i = \beta_0 + \beta_1 \, 贫富差距-总指数_i + \beta_2 \, 贫富差距^2-总指数_i + \beta_3 \, 人均 GDP_i + \varepsilon_i$$

我们采用如式（6-1）所示模型进行回归分析，回归结果如表 21 所示。从表 21 中可以看出，贫富差距的一次项显著降低了治安环境的取值，表明贫富差距越大，治安环境越好；但从二次项的结果来看，贫富差距与治安环境呈现正 U 型的关系，表明随着贫富差距的提高，社会治安环境值下降，这主要是由于贫富差距激励居民增加了产出，提高了经济发展水平，社会治安环境随之提高；但随着贫富差距超过一定界限，降低了一部分居民生产的积极性，仇富的社会心理激增，导致地区社会治安环境的恶化，甚至是大规模的暴力冲突。其中收入法下的贫富差距的拐点对应的地区为与重庆市贫富差距水平相当的省份，支出法下贫富差距拐点对应的地区是与浙江省贫富差距水平相当的省份，贫富差距总指数拐点对应的地区也是与浙江省贫富差距水平相当的省份。

表 21　贫富差距对社会治安环境的回归结果

	（1）治安环境	（2）治安环境	（3）治安环境	（4）治安环境	（5）治安环境	（6）治安环境
贫富差距-收入	-0.307*** (-3.33)	-3.334* (-1.87)				
贫富差距²-收入		0.165* (1.73)				
贫富差距-支出			-0.091 (-0.89)	-4.493* (-1.95)		
贫富差距²-支出				0.248* (1.91)		
贫富差距-总指数					-0.172* (-1.74)	-1.362** (-2.05)
贫富差距²-总指数						0.064* (1.89)
人均 GDP	0.187*** (2.75)	0.180*** (2.73)	-0.099* (-1.88)	-0.121** (-2.26)	-0.049 (-0.92)	-0.046 (-0.79)
Constant	3.340*** (7.37)	17.252** (2.15)	4.300*** (6.76)	24.019** (2.31)	4.532*** (7.47)	10.030*** (3.12)
N	53	53	32	32	32	32
R^2	0.2006	0.2214	0.2764	0.3213	0.3105	0.3367
F	5.534	4.832	7.308	5.292	6.945	4.764

二、贫富差距与居民消费倾向

（一）贫富差距影响居民消费倾向的理论解释

对于中国居民高储蓄低消费的原因描述中，贫富差距较大被认为是重要的原因之一（陈斌开，2012；吴锟等，2015），贫富差距的扩大会加深居民对未来的不确定感，降低居民的消费倾向（崔海燕和杭斌，2014）。

越来越多的学者认为，贫富差距对居民消费的影响需要考虑国家的经济发展阶段、不同地区的经济发展水平、财富阶层、消费类型，等等（吴锟等，2015；余华义等，2017；崔海燕和杭斌，2014；鞠方等，2017；董秀良和曹凤岐，2009）。第一，大部分学者研究中国不同地区的贫富差距异质性影响时，采用的地区划分方法最常见的是按照省份划分，其次是分为东、西、中等部。余华义等（2017）认为地理划分过于刚性死板，需要从经济发展水平等角度考虑。第二，学者们之前将焦点集中于城镇居民，指出城镇与农村居民的消费倾向来源于不同的原因。第三，贫富差距对于不同收入阶层的消费倾向影响是不同的。第四，实质上，贫富差距对居民消费倾向的影响在居民不同类型消费中存在差异化作用，包括衣食住行、地位性消费与非地位性消费等类型划分。第五，贫富差距造成居民消费决策得到不同的道德评价，其中高收入者消费商品时被认为道德水准更高。

在贫富差距和居民消费倾向的研究中，社会经济因素不可忽视。收入差距与消费的关系受到金融市场及社会保障体系完善程度的约束，居民的财富构成也会影响居民的消费决策，其中房价波动是最重要的因素。房价上涨一方面带来居民贫富差距的扩大，另一方面又对居民消费产生挤出效应。同时，居民消费的信贷约束对于平衡消费时间及其带来的苦乐感也起到重要作用，个人信贷市场的完善有助于激发居民消费。

（二）数据来源和指标说明

我们采用中国家庭金融调查数据库中的数据衡量居民的消费倾向，具体问题为："当您的资产价值上升时，您愿意花更多的钱消费吗？1. 很愿意；2. 愿意；3. 一般；4. 不愿意；5. 很不愿意"，基于微观居民的调查数据，我们采用省份的均值衡量该省份居民的消费倾向，消费倾向取值越高，表明居民的消费倾向越高。同样，在实证过程中我们控制了各省份人均 GDP 对居民消费倾向的影响，数据来自中经网数据库。

（三）回归结果说明

$$消费倾向_i = \beta_0 + \beta_1 \text{贫富差距}-\text{收入}_i + \beta_2 \text{贫富差距}^2-\text{收入}_i + \beta_3 \text{人均 GDP}_i + \varepsilon_i$$
$$消费倾向_i = \beta_0 + \beta_1 \text{贫富差距}-\text{支出}_i + \beta_2 \text{贫富差距}^2-\text{支出}_i + \beta_3 \text{人均 GDP}_i + \varepsilon_i \quad (6\text{-}2)$$
$$消费倾向_i = \beta_0 + \beta_1 \text{贫富差距}-\text{总指数}_i + \beta_2 \text{贫富差距}^2-\text{总指数}_i + \beta_3 \text{人均 GDP}_i + \varepsilon_i$$

本部分采用如式（6-2）所示模型进行回归分析，回归结果如表 22 所示。从回归结果可以看出，贫富差距一次项显著降低了居民消费倾向的值，表明贫富差距越大，居民的消费倾向越高；从二次项的回归系数可以看出，贫富差距与居民消费倾向存在 U 型的关系，表明贫富差距在比较低的阶段，能够刺激居民消费倾向，因为这时候贫富差距的上升往往伴随着所有居民收入的增长；但当贫富差距超过一定界限时，随着贫富差距的增加，居民的消费倾向降低，居民不愿意做更多消费，这是由于贫富差距压制了低收入居民的消费倾向。就拐点而言，收入法下的贫富差距的拐点对应的地区是与江苏省贫富差距水平相当的省份，支出法下贫富差距拐点对应的地区是与黑龙江省贫富差距水平相当的省份，贫富差距总指数拐点对应的地区是与山东省贫富差距水平相当的省份。

表 22 贫富差距对居民消费倾向的回归结果

	（1）消费倾向	（2）消费倾向	（3）消费倾向	（4）消费倾向	（5）消费倾向	（6）消费倾向
贫富差距-收入	−0.245*** （−2.69）	−4.927** （−2.59）				
贫富差距²-收入		0.256** （2.48）				
贫富差距-支出			−0.188 （−1.59）	−8.120*** （3.44）		
贫富差距²-支出				0.448*** （−3.54）		
贫富差距-总指数					−0.260** （−2.70）	−7.099*** （−3.43）
贫富差距²-总指数						0.382*** （3.28）
人均 GDP	0.232*** （4.36）	0.221*** （4.46）	0.159** （2.12）	0.117* （1.81）	0.204*** （3.26）	0.153** （2.46）
Constant	2.497*** （4.52）	24.015*** （2.75）	2.729*** （4.54）	38.254*** （3.70）	2.948*** （5.44）	34.018*** （3.59）
N	53	53	32	32	32	32
R²	0.2213	0.2631	0.1252	0.3208	0.2036	0.3585
F	9.975	8.143	2.284	8.176	5.333	15.548

三、贫富差距与居民未来的预期

（一）贫富差距影响居民未来预期的理论解释

从宏观角度来说，预期作为经济结果的重要决定因素对宏观经济有重要的意义。党的十九大报告指出："我国社会主要矛盾已经转化为人民日益增长的美好生活需求和不平衡不充分发展之间的矛盾。"贫富差距必然是导致发展不平衡的一个重要原因，随着国家对此问题重视程度的不断增强，居民对于国家的期望越来越高。当前，中国存在落入"中等收入陷阱"的可能性，国家制定了多项应对措施，并认为机遇很多，因为随着中国新型工业化、信息化、城镇化和农业现代化的持续推进，人民工作勤奋，中等收入者比重在提高，这有助于缩小贫富差距。李克强总理在 2015 年说：中国在未来五年内，每年经济增速需保持在 6.5% 以上，那么到 2020 年时人均 GDP 将达到 1.2 万美元左右，按照世界银行的标准，将接近高收入国家水平，基本跨越"中等收入陷阱"，国家坚定地走发展创新之路，缩小收入差距让居民们感受到在与国家共同实现中国梦。

从微观角度来说，对于不同的群体，收入数量不同、来源不同、稳定性不同，会直接影响到他们对未来国家发展的预期。谢瑞巧（2003）的研究发现，低收入群体和中等收入群体存在很强的收入风险预期，而对高收入群体来说未来不确定性的影响不大。贫富差距的不同使居民在投资时做出不同的决定，王渊等（2016）通过对中国 1024 户家庭资产配置状况进行问卷调研，发现收入水平越低的居民在投资时会更倾向于无风险的投资组合，对未来的不确定性使他们对未来预期不高。同时，对风险的规避反过来又会对居民收入产生影响，Bonin 等（2007）通过对 German Socio-Economic Panel 数据（SOEP）的分析发现，风险偏好越高的人越可能在风险水平高的职位工作，他们的工资水平可能会更高。对风险的规避情况不仅仅导致城镇居民收入之间的差距，也导致了城镇居民与农村居民之间较大的收入差距，国内学者陈其进（2015）基于我国 2009 年的农村移民到城市调查数据（RUMIC2009）进行的实证研究发现风险偏好影响个体收入，研究结果表明风险偏好对城镇居民和农民工收入均有显著正向影响，且对于城镇居民来说这种影响远大于对农民工的影响。国内外众多学者都曾基于不同国家、不同地区、不同人群的数据发现风险偏好对收入有着显著正向影响作用。

　　另外贫富差距除了从风险偏好方面影响居民对未来的预期，也会通过幸福感影响未来预期。曾飞、黄维德（2006）认为，在社会性比较理论下，当居民收入提高后会产生正偏差，但居民由这种物质生活满足而产生的高幸福感是暂时的且会逐渐减弱，人们会产生更高的目标，形成更高的期望。罗楚亮（2009）以我国住户调查数据为基础，发现居民的绝对收入与主观幸福感之间具有显著的正向关联，即便控制了相对收入效应，绝对收入的影响仍较显著，因此，无论从相对意义还是绝对意义来看，收入仍然是提升主观幸福感的重要因素。邢占军（2011）采用已经公开的政府统计数据、6个省会城市的调查数据，以及来自山东省城市居民连续7年的调查数据，对我国城市居民收入与幸福感的关系进行较为深入的分析，发现在现阶段的中国，收入与城市居民幸福感之间具有一定的正相关，不同地区富裕程度的不同会对二者关系产生影响，高收入群体幸福感水平明显高于低收入群体。赵新宇等（2013）利用2012年中国公众主观幸福感问卷调查数据进行有序概率模型实证分析，研究结果表明，相对收入对公众主观幸福感有显著促进作用，其效果强于绝对收入，因此增加绝对收入，不断缩小贫富差距，保持相关收入政策的连续性和稳定性，对于提升公众主观幸福感具有重要意义。幸福感作为居民的主观认知，影响着居民对未来发展的预期，幸福感的提升将产生更积极的未来预期。

（二）数据来源与指标说明

　　贫富差距将影响居民对未来的预期，我们采用中国家庭金融调查数据库中的数据衡量居民对未来的预期，具体问题为"您预期中国未来三到五年的经济形势与现在比较如何变化：1. 非常好；2. 较好；3. 几乎不变；4. 较差；5. 非常差"，分别取值1~5，取值越大，表示对未来的预期越悲观。我们同时控制了每个省份人均GDP对居民未来预期的影响，数据来自中经网数据库。

（三）回归结果说明

$$未来预期_i=\beta_0+\beta_1 贫富差距-收入_i+\beta_2 贫富差距^2-收入_i+\beta_3 人均GDP_i+\varepsilon_i$$

$$未来预期_i=\beta_0+\beta_1 贫富差距-支出_i+\beta_2 贫富差距^2-支出_i+\beta_3 人均GDP_i+\varepsilon_i \quad (6-3)$$

$$未来预期_i=\beta_0+\beta_1 贫富差距-总指数_i+\beta_2 贫富差距^2-总指数_i+\beta_3 人均GDP_i+\varepsilon_i$$

　　本部分采用如式（6-3）所示模型进行回归分析，基于微观居民的调查数据，我们采用某省份的均值衡量该省份居民对未来中国经济的预期。未来预期取值越大，表明对未来的预期越悲观。回归结果如表23所示。从表23中的二次项的回归结果来看，贫富差距与居民的未来预期存在U型关系，表明当贫富差距比较低的时候，贫富差距的扩大能够提高居民对未来经济走势的乐观程度，但贫富差距超过一定界限时，贫富差距增加将提高居民对未来中国经济走势的悲观程度。就具体拐点而言，收入法下的贫富差距的拐点对应的地区是与天津市贫富差距水平相当的省份，支出法下贫富差距拐点对应的地区是与江苏省贫富差距水平相当的省份，贫富差距总指数拐点对应的地区是与北京市贫富差距水平相当的省份。

表23　贫富差距对居民未来预期的回归结果

	（1）未来预期	（2）未来预期	（3）未来预期	（4）未来预期	（5）未来预期	（6）未来预期
贫富差距-收入	-0.482*** (-2.69)	-17.869*** (-5.63)				
贫富差距²-收入		0.949*** (5.46)				
贫富差距-支出			-0.837*** (-3.21)	-18.651*** (-4.79)		
贫富差距²-支出				1.006*** (4.63)		

	（1） 未来预期	（2） 未来预期	（3） 未来预期	（4） 未来预期	（5） 未来预期	（6） 未来预期
贫富差距–总指数					−0.794 *** （−3.15）	−19.947 *** （−5.81）
贫富差距^2–总指数						1.071 *** （5.56）
人均 GDP	0.523 *** （6.55）	0.484 *** （6.16）	0.639 *** （4.57）	0.541 *** （3.98）	0.632 *** （4.45）	0.483 *** （3.66）
Constant	1.194 （1.18）	81.107 *** （5.55）	3.089 ** （2.38）	82.854 *** （4.73）	2.863 ** （2.30）	89.926 *** （5.74）
N	53	53	32	32	32	32
R^2	0.4827	0.7128	0.4799	0.7132	0.4654	0.7416
F	41.423	36.794	11.715	13.674	11.103	20.548

四、贫富差距与区域经济发展

（一）贫富差距与区域经济发展的理论解释

尽管我国收入差距的扩大曾经促进过我国市场经济体制的改革、资源的优化配置以及经济效益的提高（储德银等，2013），但自改革开放以来农村劳动力逐渐转移到城镇，城镇的发展远远快于农村，长此以往形成的收入差距拉大了居民的贫富差距，并且相邻地区间财富分配差距过大将引发发达地区财富更加聚集、落后地区更加落后的马太效应。根据调查，我国最富有的 10% 家庭与最贫穷的 10% 家庭人均可支配收入差距超过 8 倍，超过一半的城镇居民的人均可支配收入还达不到全国平均水平（何刚，2007）。复杂多样的因素影响了财富的分配，形成的贫富差距对该区域的经济发展影响是巨大的。钞小静、沈坤荣（2014）运用中国 1995~2012 年间的省级面板数据，采用三阶段最小二乘法对城乡收入差距与经济增长的关系进行检验，研究结果表明，城乡收入差距过大会导致初始财富水平较低的农村居民没有能力对人力资本进行投资，这制约了劳动力质量的提高，而较低质量的劳动力只能在传统部门从事生产，这不仅不利于传统部门自身生产效率的提升，也减少了进入现代部门从事生产的劳动力数量，因此城乡收入差距通过劳动力质量影响了中国的长期经济增长。从另一角度来看，贫富差距的存在，通过对居民消费的影响进而阻碍了区域经济的发展。胡霞（2017）基于不同收入阶层视角对中国城镇居民服务消费情况的实证研究发现，越低收入家庭的消费倾向越高，但却因为受到低收入的影响抑制了他们的消费能力。吴锟等人（2015）研究了东部、中部和西部贫富差距对消费的影响，实证研究结果表明，在我国东、中部地区要重点减少贫富差距，而在西部地区要提升居民收入刺激居民消费，从而促进区域经济发展。同样，黄泰岩（1997）很早就提出在贫富差距悬殊的情境下，富有人日常的高消费行为主要花费在对奢侈品的消费上，对于经济增长的拉动作用不明显。也有学者通过对房地产行业的研究发现，由于贫富差距的存在，绝大部分中等收入家庭住房支出占当月花费比例较大，这减少了对其他商品的消费，不利于区域经济发展（许家军，2011）。

此外，富有者将自己的财富进行各种形式的投资，随着投资的扩大，当地经济会有一定程度的增长（黄泰岩，1997）；另外，如果区域内能够进行合理的财富分配，会在一定程度上促进优势要素的聚集，产生良好的激励机制（魏丽华，2017），刺激经济的发展。刘辉煌、李峰峰（2013）基于系统论和耦合理论测算了收入分配与消费需求之间的匹配程度，结果表明我国收入分配与消费需求之间的总匹配程度较高，这种较高的匹配程度使我国收入分配至少可在中短期内推动消费需求结构的有效升级，从而促进经济的持续较快增长。另外，研究结果表明，相对突出的城乡收入差距会使城乡收入分配与消费需求的关联度总体上低于其他各类收入分配与消费需求的关联。杨晓锋、赵宏中（2013）通过包容性增长理论视角建立内生分布滞后联立方程模型，发现教育的不平等带来了收入上的差距，而收入差距越小，经济增长的后劲越强。因此，贫富差距越小越有利于经济的发展。

也有研究发现，贫富差距对经济增长的影响呈倒 U 型曲线，廖信林等（2012）通过 7 个代表性转型国家 1986~2009 年跨国面板数据为样本，利用面板数据模型分析了收入差距对经济增长影响的轨迹，研究结果表明转型国家收入差距与经济增长之间存在倒 U 型曲线关系，通过近似计算发现基尼系数为 0.42 是收入差距对经济增长影响的由正变负的拐点，总体来看关于贫富差距对区域经济发展究竟有什么样的影响，结论还未统一。

（二）数据来源与指标说明

我们以中国宏观经济总量和各省份的经济增长数据作为研究对象，分析贫富差距对经济发展的影响，我们以中国 GDP 增长率和各省份 GDP 增长率度量全国和各省份宏观经济总量的增长，数据来自中经网数据库。另外，在对贫富差距与区域经济发展的实证研究过程中，我们还控制了各地区人口总数的影响，该数据也来自中经网数据库。由于全国层面的贫富差距数据量较小，因此通过散点图表示，如图 39 所示。省内层面，我们对贫富差距和区域经济发展指标进行回归分析，为使回归结果更加准确，我们选取各省人口总数作为控制变量。

（三）回归结果分析

$$\text{GDP 指数}_i = \beta_0 + \beta_1 \text{贫富差距-收入}_i + \beta_2 \text{贫富差距}^2\text{-收入}_i + \beta_3 \text{人均 GDP}_i + \varepsilon_i$$
$$\text{GDP 指数}_i = \beta_0 + \beta_1 \text{贫富差距-支出}_i + \beta_2 \text{贫富差距}^2\text{-支出}_i + \beta_3 \text{人均 GDP}_i + \varepsilon_i \quad (6\text{-}4)$$
$$\text{GDP 指数}_i = \beta_0 + \beta_1 \text{贫富差距-总指数}_i + \beta_2 \text{贫富差距}^2\text{-总指数}_i + \beta_3 \text{人均 GDP}_i + \varepsilon_i$$

我们运用如式（6-4）所示模型对贫富差距对区域经济发展的影响进行了回归分析，回归结果如表 24 所示。从表 24 的线性回归结果来看，居民贫富差距显著影响了区域经济发展速度。贫富差距对经济发展速度存在显著的负向影响，总

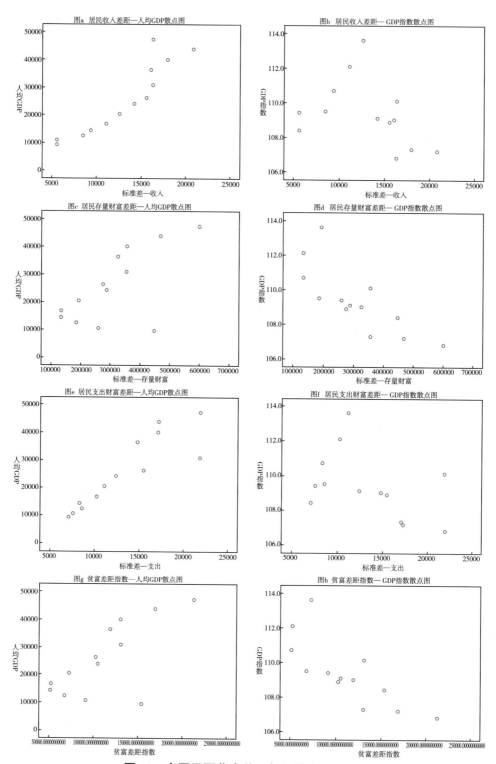

图 39　全国层面贫富差距与经济发展散点图

体来看，贫富差距越大，经济发展速度越慢。但是从二次项的回归结果来看，居民贫富差距与 GDP 增速存在倒 U 型关系，这意味着，当贫富差距较小时，适度扩大贫富差距，会提高经济发展速度；而当贫富差距超过一定界限时，则会成为经济增长的制约因素。在回归分析中，我们对居民收入差距、支出差距、贫富差距总指数以及人口总数进行了对数处理，回归结果显示二次项模型中三个指数对应的拐点值分别为 8.610、8.404、8.531。从具体省份来看，收入差距拐点对应的省份为 2010 年的江西省；支出差距拐点对应的省份为 2006 年的安徽省，贫富差距总指数拐点对应的省份为 2007 年的河南省。其中，2010 年江西省的居民收入差距对数值为 8.60、支出差距对数值为 8.41、贫富差距总指数对数值为 8.51，是综合三个指数来看最接近拐点值的省份。

表 24　贫富差距与 GDP 增速的回归结果

	（1）GDP 指数	（2）GDP 指数	（3）GDP 指数	（4）GDP 指数	（5）GDP 指数	（6）GDP 指数
贫富差距–收入	−2.250*** （−7.083）	62.439*** （7.923）				
贫富差距^2–收入		−3.626*** （−8.214）				
贫富差距–支出			−2.202*** （−5.976）	64.692*** （6.423）		
贫富差距^2–支出				−3.849*** （−6.645）		
贫富差距–指数					−2.290*** （−6.693）	68.041*** （7.699）
贫富差距^2–指数						−3.988*** （−7.963）
人口总数	0.828*** （4.963）	0.782*** （5.637）	0.861*** （4.920）	0.832*** （5.402）	0.844*** （4.974）	0.816*** （5.728）

	(1) GDP 指数	(2) GDP 指数	(3) GDP 指数	(4) GDP 指数	(5) GDP 指数	(6) GDP 指数
Constant	124.374*** (42.161)	−162.691*** (−4.643)	123.214*** (38.098)	−166.297*** (−3.809)	124.386*** (40.173)	−184.404*** (−4.745)
N	152	152	152	152	152	152
R²	0.304	0.522	0.250	0.422	0.285	0.500
F	32.597	53.912	24.828	36.066	29.712	49.239

五、贫富差距与区域人口

（一）贫富差距影响人口增长的理论解释

贫富差距与区域人口之间的关系是复杂且双向的。贫富差距的增加对人口自然增长率有着促进作用。顾纯磊等（2015）的实证研究发现，随着居民收入分配不平等的加剧，低收入阶层生育子女的欲望增加，这提高了他们获得更多工资的预期。Kentor（2001）基于全球化的背景下，通过 88 个发达国家 1980~1997年的跨国面板数据构建了结构方程模型，跨国比较发现全球化加剧了本国收入不平等现象，本国的生育率进而随之提高。不仅贫富差距会影响生育率，生育率也会反向影响贫富差距。Dahan 和 Tsiddon（1998）主要基于父母受教育程度对子女投入的影响，研究不同收入阶层对隔代人力资本的投资，发现生育率与贫富差距呈 U 型曲线关系：在经济发展的第一阶段父母为了摆脱现状加大人力资本投入，平均生育率会增长，收入分配变得不均匀；在经济发展的第二阶段收入总体水平上升后，生育率下降，收入变得更加平均，人均 GDP 也会随之增长。另外，国外学者的研究还集中在同时研究贫富差距与区域人口之间的相互影响关系。Guest 和 Swift（2008）通过对五个 OECD 国家即英国、美国、澳大利亚、日本和瑞典，使用年度时间序列数据的 VECM 框架系统地研究分析发现，贫富差距的增加会使生育率增长；在英国、美国、澳大利亚，生育率的增长只会在短期内降低贫富差距，长期下并不会有显著影响。因此，贫富差距与自然生育率之间的关系是复杂的。

由贫富差距带来的人口迁移是随着近年我国经济集聚效应的出现与工业集中的趋势而不断加强，对劳动力的需求增加从而引发劳动力流动（高虹，2014）。孟凡礼等（2015）通过新劳动力迁移理论，基于 2008 年中国家庭收入调查数据（CHIP2008），从收入水平、对收入水平的感知两个方面系统分析了收入因素对农民工留城意愿的影响，发现家庭收入水平对农民工留城意愿具有显著的正向影响。然而，随着我国西部大开发等一系列政策的实施，西部地区经济情况得到一些改善，居民收入水平有所提升，关爱萍等（2017）对我国八大区域 2000~2015 年劳动力变化情况的研究发现，西南区域和中部区域劳动力流出量正在逐渐减少，北京、上海等城市的劳动力流入量也正在逐渐减少。我国也正致力于推进城乡融合的政策，使农村劳动力不论在农村还是城市获得的收入都基本相当，从而使农民工在农村和城市就业的机会成本大致相当（黄小明，2014），进而降低劳动力流动率。

（二）数据来源与指标说明

本部分使用的人口增长率数据和人口迁移数据来自中国统计年鉴，人口迁移通过统计年鉴中披露的人口增长率减去人口自然增长率算出人口净迁移率来表示，这一比率理论上等于迁入率减去迁出率。各地区人均 GDP 数据来自中经网数据库。

（三）回归结果分析

$$人口自然增长率_i=\beta_0+\beta_1 贫富差距-收入_i+\beta_2 贫富差距^2-收入_i+\beta_3 人均GDP_i+\varepsilon_i$$

$$人口自然增长率_i=\beta_0+\beta_1 贫富差距-支出_i+\beta_2 贫富差距^2-支出_i+\beta_3 人均GDP_i+\varepsilon_i$$

$$人口自然增长率_i=\beta_0+\beta_1 贫富差距-总指数_i+\beta_2 贫富差距^2-总指数_i+\beta_3 人均GDP_i+\varepsilon_i$$

$$(6-5)$$

我们发现区域的贫富差距对人口的增长和迁移情况有所影响，并利用如式
(6-5) 所示模型对其进行了回归分析，回归结果如表25所示。表25呈现了区
域贫富差距与人口增长的关系，模型（2）和模型（6）的回归结果显示，从居
民收入差距和贫富差距综合指数的影响来看，居民贫富差距与人口增长之间存在
U型曲线关系，也就是说，当贫富差距较小或较大时，区域人口都呈现出较为快
速的增长。居民收入差距的拐点对数值为7.909，对应2003年的宁夏回族自治
区；贫富差距指数对应的拐点对数值为8.085，接近2005年的江西省。而以支出
法衡量的贫富差距对人口增长没有显著影响。

表25　贫富差距与人口增长的回归结果

	（1）人口自然增长率	（2）人口自然增长率	（3）人口自然增长率	（4）人口自然增长率	（5）人口自然增长率	（6）人口自然增长率
贫富差距-收入	2.848[**] (2.776)	-22.890[*] (-1.872)				
贫富差距²-收入		1.447[*] (2.112)				
贫富差距-支出			-0.075 (-0.067)	-21.218 (-1.444)		
贫富差距²-支出				1.223 (1.443)		

	（1）人口自然增长率	（2）人口自然增长率	（3）人口自然增长率	（4）人口自然增长率	（5）人口自然增长率	（6）人口自然增长率
贫富差距-指数					2.005 * (1.722)	−23.107 * (−1.691)
贫富差距²-指数						1.429 * (1.845)
人均 GDP	−4.218 *** (−5.140)	−4.286 *** (−5.278)	−2.080 * (−2.559)	−2.162 ** (−2.664)	−3.531 *** (−4.014)	−3.604 *** (−4.126)
Constant	22.071 (6.009)	136.740 * (2.513)	26.724 *** (6.464)	118.657† (1.859)	22.909 *** (5.778)	133.561 * (2.222)
N	152	152	152	152	152	152
R²	0.251	0.273	0.212	0.223	0.228	0.245
F	24.992	18.535	20.103	14.194	21.982	16.025

$$人口净迁移率_i=\beta_0+\beta_1 贫富差距-收入_i+\beta_2 贫富差距^2-收入_i+\beta_3 人均 GDP_i+\varepsilon_i$$

$$人口净迁移率_i=\beta_0+\beta_1 贫富差距-支出_i+\beta_2 贫富差距^2-支出_i+\beta_3 人均 GDP_i+\varepsilon_i$$

$$人口净迁移率_i=\beta_0+\beta_1 贫富差距-总指数_i+\beta_2 贫富差距^2-总指数_i+\beta_3 人均 GDP_i+\varepsilon_i$$

$$(6-6)$$

我们也分析了财富差距对人口净流动的影响，并利用如式（6-6）所示模型对其进行了回归分析，回归结果如表 26 所示。从线性回归模型的结果来看，贫富差距对人口净迁移率有显著负向影响，而二次项的回归结果并不显著。由于净迁移率指的是迁入率减去迁出率的净值，因此这一结果表明，人们倾向于迁移至贫富差距较小的区域。

表 26　贫富差距与人口迁移的回归结果

	（1） 人口 净迁移率	（2） 人口 净迁移率	（3） 人口 净迁移率	（4） 人口 净迁移率	（5） 人口 净迁移率	（6） 人口 净迁移率
贫富差距-收入	−13.053** （−3.359）	−60.919 （−1.300）				
贫富差距²-收入		2.692 （1.025）				
贫富差距-支出			−16.112*** （−3.932）	−67.765 （−1.260）		
贫富差距²-支出				2.987 （0.963）		
贫富差距-指数					−16.832*** （−3.924）	−69.805 （−1.377）
贫富差距²-指数						3.015 （1.048）
人均 GDP	16.606*** （5.342）	16.480*** （5.298）	17.644*** （5.954）	17.443*** （5.870）	18.803*** （5.804）	18.650*** （5.752）
Constant	−47.087** （−3.384）	166.167 （0.797）	−33.567* （−2.227）	191.023 （0.818）	−36.984* （−2.533）	196.434 （0.880）
N	152	152	152	152	152	152
R²	0.226	0.231	0.245	0.250	0.245	0.251
F	21.716	14.832	24.225	16.452	24.188	16.502

六、小　结

本章使用实证数据分析了贫富差距对其他社会问题的影响，通过分析发现贫富差距与社会稳定程度、居民消费倾向、居民未来预期和区域人口增长均存在"U 型"关系，与区域经济发展存在倒"U 型"关系，与区域人口迁移呈负向关系。这说明贫富差距对社会的影响存在合理区间，但超过该区间的贫富差距将引发负面社会问题。

第七章

蒙格斯社会公平指数的结论与政策建议

本书对于贫富差距、法律公平、社会文化公平、金融公平等因素的研究，归根结底是要归纳出一个系统描述中国全社会公平状况的社会公平指数，并且刻画这一指数的发展特征和变化路径，并且借此启发对于中国经济发展和社会转型中面临问题的思考。因此，本章将基于已有的指数体系构建一个完整的社会公平指数，进而提出相应的政策建议。

一、蒙格斯社会公平指数的构建和结论

（一）构建思路

贫富差距是衡量社会公平的核心因素，除此之外，法律公平、社会文化公

平、金融公平也构成影响社会公平的重要方面。基于上文对各个指数的讨论，我们将四个指数合成一个指数——蒙格斯社会公平指数，全面衡量社会公平的变化，其中一些指标如社会文化指数我们对其进行了逆向处理，使四个指标数值对社会公平的度量具有一致性。在对四个指标进行去中心化处理之后，我们对四个指标进行加总得到了蒙格斯社会公平指数，该指数数值越小代表社会的公平性越差。据此计算得到2001~2018年的蒙格斯社会公平指数，如表27所示，同时绘制出其变化趋势图，如图40所示（其中，2018年数据为预期值）。从图40可以看出，中国社会的公平程度呈现出下降的趋势，这主要是由于贫富差距不断扩大造成的。

表27　蒙格斯社会公平指数

年份	2001	2002	2003	2004	2005	2006	2007	2008	2009
蒙格斯社会公平指数	0.686	0.858	0.703	0.778	0.598	0.576	0.474	0.481	0.430
年份	2010	2011	2012	2013	2014	2015	2016	2017	2018e
蒙格斯社会公平指数	0.417	0.395	0.380	0.369	0.374	0.343	0.294	0.302	0.287

图40　蒙格斯社会公平指数变化趋势

从社会心理学的角度看，以贫富差距为核心的社会公平既是人际之间社会比较的结果，也是社会规范、社会准则在个体身上内化的结果。当人感受到不公平时，会采取种种心理上或行为上的手段，力图消除不公平，恢复心理上的平衡。随着中国的市场化改革进入深水区，利益增进式的改革模式将逐渐向利益结构调整式的改革方式过渡，在这个过程中，社会不公平带来的利益不均将逐渐固化既得利益集团，使改革难度增加。应警惕社会不公平的加剧，提前预判其可能带来的各种消极后果，并积极采取措施减少贫富差距和社会不公平。

（二）演化特征和变化路径

上述的社会公平指数呈现出几个较明显的阶段性特征。在 2002～2004 年，中国社会公平程度处于比较高的水平上，这可能是由于加入世界贸易组织，中国社会竞争秩序、制度环境有了比较明显的改善。从 2005 年开始，中国的社会公平指数出现显著下降，特别是从 2008 年开始。这主要是由于以房地产为主的存量财富加剧了中国贫富差距的程度，从这个时间段开始，中国的房地产市场出现了蓬勃发展的态势，以北上广深为代表的一线城市，住房价格出现了火箭式上升，这加剧了中国居民贫富差距程度，从而导致中国社会公平程度出现显著下降。另外，资产的金融化使有产的居民更加富有，而资产较少的居民在金融化过程中财富缩水，进一步扩大了贫富差异。可以看出，近些年主要是由于贫富差距的拉大加剧了社会公平的失衡。

二、政策建议

基于本书对蒙格斯社会公平指数的系统性研究，从缩小贫富差距，全方位推动法律公平、社会文化公平和金融公平的角度，提出以下政策建议：

（一）依法、有序、分步完善税收制度

缩小贫富差距，要从分配环节着手。市场经济条件下初次分配应遵循效率优先原则，因此着眼点应该放在收入分配的第二个层级，即再次分配。再次分配公平最重要的是建立合理的税收制度。建议从以下几方面加大收入分配调节力度，规范收入分配秩序，逐步缩小收入分配差距，维护社会各方面和谐发展。

1. 进一步推进个税改革

个人所得税直接影响到个人的可支配收入。合理的个人所得税制度不仅可以有效地调节贫富差距，而且对组织财政收入和调节经济运行都有着重要作用。个人所得税调节收入分配的原则应是通过税收减少社会各群体的收入差距，具体来说应该让低收入的人少缴税，高收入的人多交税，扩大中等收入群体。有些积弊已久的社会问题，如演员高片酬所带来的社会不公平感受问题，如果市场决定了某位演员的片酬高得惊人，而他/她又没有与其他低收入人群在纳税上显现差异，当然是不公平的，正确的做法是这位演员按照累进税率缴纳了更多的税，那么这种不公平感就会基本熨平。

（1）提高起征点，增加专项扣除。

近年来随着我国生产力的发展，居民工资薪金水平也大幅度上升，但物价水平有更明显的提升。然而，目前的工资薪金所得免征额仍然是3500元，且未区分地区收入差距，在全国范围内实行"一刀切"。这使低收入的工薪阶层反而成为缴纳个税的"主力军"，而非工薪阶层的某些高收入人群，由于其收入来源多样化及隐蔽性却承担了较低的税负。为充分发挥个税的收入分配调节作用，建议根据物价水平、地区差距等实际情况提高起征点和免征额，切实减少低收入工薪阶层税收负担。同时，对于困难家庭要适度增加专项扣除，尤其是李克强总理在2018年政府工作报告中指出的子女教育、大病医疗等专项，保证贫穷人口的基本生存和受教育权利，守住贫富差距破坏力底线。

（2）例行个税累进税率制度，减少税级，降低边际税率。

与比例税率相比，累进税率更能发挥个税的收入调节作用，使纳税人的负担水平与纳税能力相适应。目前，我国个人所得税税率采用超额累进税率，总体来说能实现对不同收入群体的差别化征税，但仍存在一些欠合理之处。

我国工资薪金所得征税采用的是7级超额累进税率，税级之间相隔较近，容易出现税前工资稍有上涨，税后工资反而下降的现象，不利于调动广大工薪阶层积极性。且最高税级税率高达45%，适用人数较少，不仅形同虚设，还大大增加了高收入人群偷、逃、避税行为，给国家财政造成损失。建议参照国际经验，将税级设为5级左右，同时降低最高税级税率水平到40%左右。

（3）加快从"分类征收"模式向"综合与分类征收相结合"模式过渡。

当前我国个人所得税实行的是分类征收模式，即把所得按其来源和性质分成若干类别，适用不同的起征点和税级税率设置。随着居民收入来源的日益多样化，为了更好地体现税收公平，自2003年起我国就确定了综合与分类征收相结合的改革方向，然而时至今日未见明显改革举措。当然，综合征收需要相对成熟的社会配套条件，尤其是对纳税人非工资薪金劳动所得和资产性所得等信息的准确掌握。随着我国"自然人纳税人识别号"制度的建立，以及2018年参与全球金融账户涉税信息交换等措施的逐步落实，将为综合征收提供强有力的信息支持，个税征收模式的转变已具有较为成熟的外在条件。

2. 征收遗产税

遗产税是一个历史较长的税种，世界上已有100多个国家和地区开征了遗产税，在OECD成员中开征遗产税的比例已经超过90%。然而近年来，部分开征遗产税的国家和地区出现了取消或弱化该税种的趋势，究其原因，征收遗产税在调节贫富差距的同时，可能会一定程度抑制国外资本流入和迫使国内资本流出。目前，我国并未开征遗产税，对是否开征遗产税也存在较大争议。基于现有对遗产税的研究，结合本书对我国贫富差距水平的判断，建议开征遗产税。

现有研究已经证实征收遗产税有利于增加财政收入、缩小贫富差距。张熠和卞世博（2015）的研究表明遗产税收入具有拉弗曲线特征，如果税率合适，还可以增加政府财政收入。此外，研究还发现当遗产税收入补贴教育时更有利于实现"稳增长、调结构、促消费"这三个重要的宏观经济管理目标，并大大减少社会福利损失。詹鹏、吴珊珊（2015）的研究也表明，如果政府能够将遗产税收入用于改善穷人的生活状况，遗产税将拥有较强的再分配效果。

本书实证研究表明，我国在 2006~2007 年之间，已经过了贫富差距指数对GDP 增长率的"黄金拐点"，即贫富差距对经济增长率的拉动作用开始减弱；在2015 年左右，贫富差距指数超过了对经济总量的"破坏拐点"，表明贫富差距将对经济总量的增长产生抑制作用。在我国贫富差距已经超过"黄金拐点"和"破坏拐点"的大背景下，缩小贫富差距的必要性和急迫性远大于资本外流等方面的担忧，因此应该开征遗产税，并且要依法、有序地尽快开征。

3. 缓征房地产税

对于当今中国的大部分家庭来说，房产是其主要财产，所以房地产税征收问题牵动着社会最广泛民众的利益和神经。2003 年，国家就曾明确了对不动产征收物业税的改革思路，拟将现行的名目繁多的税费合并，统一为房产保有阶段的物业税。但是鉴于房地产税改革所牵涉的各方利益难以平衡，虽然 2011 年在上海、重庆两市启动试点开征房产税，但现有房地产税收体系未见大变动。

房地产税不是一个应不应该征收的问题，而是一个该如何征收及何时征收的问题。房地产税的主要作用是调节收入分配、组织财政收入和构建房地产市场长效机制。1994 年我国分税制改革后，地方政府财政收支缺口增加，过多倚重"土地财政"，地方债务问题日益凸显，由此滋生的系统性风险问题不容小觑。根据国际经验，在征收房地产税的国家和地区，房地产税是地方政府的主要税收来源，并主要被用于居民所在区域的教育及公共服务的支出，体现了其公益性。因此，征收房地产税是对地方政府不可持续的"土地财政"模式的很好替代。

然而，房地产税立法征收是个大工程，涉及问题之多、牵涉利益之广，不是一朝一夕能实现之事。房地产税要缓征，这个"缓"字要求妥善处理好不同财富群体纳税人之间的关系、中央政府和地方政府的关系、立法机关和行政机关的关系等，否则可能违背初衷起反效果。按照中央的决策部署，房地产税总体思路是"立法先行、充分授权、分步推进"。财税改革立法程序先行是依法治国理念的重要进步，立法需要遵循法律的稳定性和连续性原则，在修改、补充或制定新的房地产税法时，应保持与原有税法的承续关系；立法后的实施应由地方政府结合实际情况具体实施，并且全面落地也应符合一个循序渐进的过程。

（二）树立科学的"扶贫观"，加大财政支出倾斜力度

缩减贫穷人口数量，提高贫穷人口基本生活保障是缩小贫富差距的重要内容和目标。贫穷的历史与人类的历史一样长远。在物质贫瘠的时代，人们的基本生产和生活资料普遍匮乏，贫富差距虽小贫穷却普遍存在；随着我国生产力不断提高，大部分人的温饱问题已经基本解决，贫富差距却也日益增大。新形势下贫穷的形式更加多样化，对社会公平与正义的冲击也更加猛烈。树立科学的"扶贫观"是打响"脱贫攻坚战"的应有之义。

1. 确立绝对贫穷与相对贫穷的标准

何谓贫穷？贫穷既是一个绝对标准，又是一个相对尺度。厘清绝对贫穷和相对贫穷的标准，是解决贫穷问题的第一步。绝对贫穷指在一定的社会生产方式和生活方式下，个人和家庭依靠其劳动所得和其他合法收入不能维持其基本的生存需要。相对贫穷是与绝对贫穷对应的概念，世界银行的定义是收入少于平均收入的1/3的社会成员便可以视为相对贫穷。此定义过于简单，不同的社会经济、人文、制度环境下，相对贫穷是由差异造成的，除了收入指标外，理应综合考虑多维度相关变量因素。我国区域发展差异较大，要分地区确立相对贫穷和绝对贫穷的标准和计量模型，这个标准和模型应该是因地而异、因时而异的动态结果。相对贫穷依靠发展环境的改变而改善，绝对贫穷则需要通过财政公共支出的增加，形成贫穷者固定收入的增加，从而摆脱绝对贫穷。

2. 提高财政的社会保障投入减少绝对贫穷

任何社会都存在绝对贫穷，即生存状态没有达到正常社会个人和家庭的生存标准。绝对贫穷已经触及贫富差距的底线，找到各地绝对贫穷的标准，并以此为标准建立财政转移性支出弥补机制，使之达到正常社会生存标准，刻不容缓。社会保障支出作为财政转移性支出的重要方面，是贫富差距的一个矫正工具，为竞争性市场的优胜劣汰设置一条底线，从而避免由于残酷的选择机制而导致的社会严重不公平。我国现行的社会保障财政支出是指财政部门所支付的全部社会保障支出，主要包括社会保险、社会救助、社会福利和社会优抚。其中社会保险，包括养老保险、医疗保险、失业保险、工伤保险、生育保险，是风险防范的有效措施。社会救济的对象包括老幼病残弱等需要帮扶但缺乏经济来源的群体。

首先，加大对社会保障发展的财政支持力度。我国社会保障支出占财政支出比例在 2013 年之前稳定在 24% 左右，自 2014 年开始有较大改善，近期升高到 27% 以上，但仍低于日本和美国。美国的社会保障支出占比近 10 年来都在 40%~45% 之间，日本也在 30% 以上。我国社会保障支出占财政支出比例偏低。

其次，推进我国社会保障法制化进程，有效约束和规范各个参与方的权利和义务。我国当前的社会保障相关法律存在立法不能全覆盖、立法层次不高、法律实施机制较弱等问题。社会保障法律的不健全不清晰，不利于其正常实施。社会保障法制化，有利于维护人民群众的合法利益，对于推动我国社会保障事业长期有效发展至关重要。

最后，推动我国社会保障均衡发展。在城乡、区域、职业之间，我国社会保障制度出现明显失衡。对比城市而言，我国农村社会保障层次严重不足，社会保障覆盖面缺失，保障内容有限。城市居民的收入水平和社会地位均明显高于农村居民，而社会保障也倾斜于城市居民，这反而加大了城乡差距和公平失衡。建议降低我国东西部、城乡社会保障水平差距，重视弱势群体的社会保障制度建设，对于残疾、年老、生病等情况，社会保障要真正兜底，全面落实最低生活水平保障。

3. 改善发展环境减少相对贫穷

贫富差距达到某一边界时形成相对贫穷。对地方来说，相对贫穷人口占比较多是经济欠发达的表现；对个人来说，相对贫穷是因其自身原因或周围环境而不能分享社会发展成果。与主要依靠社会保障等转移性支付改善的绝对贫穷不同，相对贫穷要通过改善发展环境来缓解。

首先，进一步增加财政的教育投入，实现公平的受教育权利。不可否认，近10年国家财政教育支出保持高速增长趋势，年增长率高达14.70%，远高于同期GDP增长率，这使我国新增劳动力文盲率大幅下降。然而，对于存量没受过教育或者受教育很少的人群，近十年的教育倾斜却很少惠及，"没文化"成为很多相对贫穷人群的致贫原因。进一步加大对教育的投入，首先应该继续加大对偏远山区及农村地区学校的投入，改善师资力量，保障教学的正常进行。其次应该进一步深化教育改革，建立职业院校、大专高校双轨制，推动职业教育发展，减少存量未受过教育或受教育少人群数量。此外，还应加大投入，实现教育在大中小城市及各学校间的均衡化、公平化。

其次，加大对农业的投入，重启城市反哺农村观念。农村的低收入者占相对贫穷人口的大多数。一方面是由于我国固有的"城乡二元"结构在农村和城市体制机制安排上的差异，另一面与财政对农业支出不足有关。农民不能通过从事农业获得充足收入，即使进城打工收入也不高，还造成了"留守儿童"、农村"空心化"等社会问题。2016年，我国财政支出中农业支出为6469亿元，较2015年增幅仅为0.35%。自2012年以来，农业支出占比连续5年下滑，2016年仅占公共财政支出的3.44%。农村和农业的发展是缩小贫富差距的重要组成部分，因此我们认为政府应增加财政对农业和农村发展的投入，调整国民收入分配结构和财政支出结构，切实改善农民发展环境，减少农村相对贫穷比例。与此同时，政府应鼓励新农业模式，打造农业产业链，支持农业产品创新。此外，政府还应重启"城市反哺农村，工业反哺农业"的观念，健全新型工农城乡关系，支持农村经济发展。

（三）法律公平

法律体系作为社会治理的主要杠杆，在公平与效率之间起着调节器的作用。当然在社会治理框架中，政治、经济、税制、文化、教育等也是重要的治理杠杆，但法律体系是所有社会治理杠杆的基础支点，法律精神所指决定了社会发展的价值取向，有必要树立清晰的观念。法律的核心价值与基本精神的内核就在于平衡好公平与效率的关系，既能保持社会发展动力承认一定程度的贫富差距，又要让这种差距维持在理性范围内，成为一定历史时期公平与效率这个悖论的解悖方式。

1. 实现从保护公权为主向保护民权为主的演进

公权与民权是否均衡和谐的问题既是道德问题，也是法律问题。公权源于民权并保障民权，理论上公权应为民权服务并为公民腾出广阔的自由空间，可以说公权保护民权是其应有的道德义务。然而由于社会资源的稀缺性与有限性，公权与民权此消彼长的冲突与博弈难以避免。代表国家意志的公权相较于民权具有天然的优势，因此有必要对公权加以限制。

清明的政治仅仅靠道德提升是难以催生的，只能产生在以约束公权、维护民权为基础的现代法制体系上。聪明的政治框架尊重法律体系的独立运行地位。应该让法律的演进适应社会发展效率与公平的需求，实现从保护公权为主向保护民权为主的演进，使社会贫富差距相对合理，使社会公平正义的伸张通畅达意。

2. 实现民营企业与国有企业在市场主体和资本权益上的平等权利

说到对民营企业及民营企业家的保护，其实，平等即保护。从法律上看，国企、民企都是平等的民事主体，没有任何理由分为上下等级，也无从谈起对谁的保护。但很久以来，我国对民营企业存在歧视和市场权利的限制。

非公经济和企业家之所以需要刻意提出保护，是因为事实上他们没有获得与公有经济国有资本平等的市场地位。原因是政府把自己所控制的资源更多地注入了国企，而民企市场地位的法律保障其实很脆弱，命运常常系于一份文件、一位行政官员的一念之间。因此，立法保障民营企业与国有企业在市场主体和资本权益上的平等是当前深化改革的突破口之一。

3. 修补现行法律体系中重刑轻民的结构性缺陷

刑法的相对完善与民法的相对落后贯穿着我国法律的发展史，重刑轻民、先刑后民、民事案件刑事化，是我国司法实践中的普遍现象。尤其是民刑交叉案件中，甚至流传着"先刑后民，刑事优先"的司法思维，而这种法律思维是毫无法律根据的。重刑轻民在古代符合统治阶层的要求，然而现在早已不适合社会现状，不利于市场经济的发展。

首先，要推进民法典的编纂工作。《民法总则》的诞生是法治中国建设的重要里程碑，然而针对现行《民法通则》所规范的涉及社会公平与效率的合同、所有权及其他财产权、民事责任等具体内容，仍需进一步系统整合推进。

其次，要完善诉讼法立法。现行法律尚未有明确规定民刑交叉案件的适用条件和程序规则，这往往使得社会违约成本低、受损害者得不到有效的法律救济。医患纠纷、劳资纠纷、拆迁补偿纠纷，以及合同违约、产品质量低劣、诚信缺失等，本质上都源于民刑不分，这造成了民事权益与责任的模糊。因此，明确民刑交叉案件的程序规则、完善诉讼法立法，有助于维护正常民事关系，促进社会公平。

最后，法治结构上要由"重刑轻民"向"民事优先"的原则转换。长期的重刑轻民已经在法律观念和法律实践中造成了法治结构的失衡，调整和纠偏不仅是法治质量和效用以及社会公正公平的实现问题，实际上也是国家治理结构的一个重要问题。在法律责任体系中，民事责任、行政责任与刑事责任同等重要，传统的重刑轻民亟须转型到民事优先上来，对整个社会来说，刑法的备而不用才能体现出社会的公平与进步。

4. 强化法律救济功能，推动社会公平和信用的真实实现

从经济学的角度来看，法律救济可以挽回缔约者履约的损失，同时降低违约者得利，甚至使其付出更多成本、产生损失。法律救济的立法不仅可以维护契约的法律属性，还可以指明缔约者的经济预期、树立市场交易参与者的利益计算范例。现行《民法总则》并未对契约关系做专章规定，这或许是一种疏忽或回避。但在民法典的编纂过程中，我们认为应着力建立完善法律救济框架，强化法律救济功能，推动社会公平和信用的真实实现。

（四）社会公平

1. 促进基本公共服务均等化

基本公共服务均等化，就是要确保国家和社会制定的基本公共服务政策、确立的基本公共服务制度、提供的基本公共服务机会，对全体公民是均等的。促进基本公共服务均等化，就是要缩小民生差距、发展差距和贫富差距，减少社会矛盾而增进社会和谐，根治复杂的经济社会复合问题，营造公平正义的有效发展的社会环境。

首先，转变政府职能，加强服务型政府建设，是保证基本公共服务均等化的关键。政府要切实履行社会管理和公共服务等基本职能，加快推进政企分开、政资分开，处理好政府与市场的关系。建立健全有效的有序的基本公共服务信息沟通和民主决策机制，让人民群众参与进以政府为主导的公共服务供给中来，保障基本公共服务由人民共享。

其次，保证基本公共服务均等化，必须有财政支出的支撑。所以必须调整优化公共财政支出结构，确保公共服务领域有充足的财政资金投入。科教文卫事业、就业保障、养老事业、生态环保、基础建设、公共安全涉及全国各族人民的切身利益，要不断增强公共服务供给力度和能力，逐步减小城乡差异和区域差

距，实现人民共享、共同富裕的目标。

最后，建立健全基本公共服务监察体制，是保证基本公共服务均等化的必要条件和有效手段。从制度层面保证基本公共服务的有效落实、服务人员积极工作。建立起对政府公共服务绩效的监测评估体系，将教育、医疗、养老、失业、环保、社会救助等纳入监测评估内容体系，积极引入群众等外部声音，建立多元化的评估体系，从而提高人民群众对于基本公共服务质量的满意度，完善政府提供基本公共服务的能力和质量。

2. 建立健全住房保障体系，满足居民"居住权"

马斯洛需求层次理论认为，生存需要是最基本的需要。对于个人和家庭来说，"衣食住行"中的"住"是满足其基本生存的重要条件之一。满足居民的"居住权"实现"居者有其屋"是体现社会公平正义的重要方面。然而，当前我国市场房价居高不下，中低收入家庭很难通过市场购买满足住房需求，政府必须建立健全住房保障体系。目前，我国已经初步建立起了以住房公积金制度、经济适用房和廉租房制度为主要内容的住房保障体系，不过在具体实施方面还存在若干问题。

首先，住房公积金制度要切实体现出对中低收入家庭的保障作用。目前我国住房公积金覆盖范围仍然较小。农民工群体、个体工商户等非正规就业的群体并没有享受住房公积金政策。即使在正规就业的群体中，也有很大部分职工没有公积金或仅有最低比例的公积金。公积金对解决住房问题的作用杯水车薪。建议扩大公积金制度覆盖范围和执行力度。

其次，建立住房保障政策的信息披露制度，完善监管网络。经济适用房和廉租房政策的目的是保障城市低收入家庭的住房。然而我国个人收入信息披露制度尚不完善，居民的"隐形收入"较难估算，加之制度实施过程中的一些违规操作，富人或是非低收入群体抢占经济适用房和廉租房的现象时有发生。建议住房保障政策的制定及政策的执行情况要向全社会公开，畅通群众参与政策监管的途径。信息公开和全方位监管，才能减少权力的滥用，否则本是加强社会公平的举措却成为社会不公的折射。

最后，继续扩大融资渠道，扩大住房保障范围。住房保障是大工程，仅依靠国家的力量是不够的，可以吸引社会资本参与到住房建设中来，探寻社会资本与政府合作的住房保障体系。对廉租房要扩大覆盖面，把包括外来农民工、应届毕业生等大量的"夹心层"覆盖在内。对于一些特殊的困难家庭，如单亲家庭、空巢老人、重病病人等要给予特殊住房照顾，政府可建立一批公房，专门以较低的租金出租给生活困难群众。

3. 固化农民对土地的使用权，客观上实现"农者有其田"，推进户籍制度改革

改革开放以来我国农村土地制度变迁主要沿着"逐步扩大农民对于农村土地的占有、使用和收益权"这条主线展开，并最终形成了以农地承包制、农村建设用地管理和农村土地征收三项制度为主的农村土地制度体系。在这一土地制度体系内，一方面农民对土地的占有、使用和收益权的实现还存在一定程度的限制，另一方面农民基本上还没有获得对土地的最终处分权，因而农民对土地的物权是很不完整的。

首先，严禁行政强制手段推动土地流转。2017年全国农民工总量已经超过2.86亿人，农村人地分离状况日益普遍，带来土地要素从2亿多农民向实际从事农业生产的"经营户"重新配置的动力。这本是我国农业由分散经营向规模经营的有益转变，有利于土地资源的优化配置。然而，实践中经常出现地方政府采用行政强制手段推动整村土地流转的现象，这不仅是对农民土地使用权的无情侵犯，也是对社会公平正义的践踏。建议在土地流转过程中，充分考虑农民意愿，行政强制手段推动土地流转是只顾效率不顾公平的短视行为，只会适得其反。

其次，征用农村土地应按土地用途实质价值支付农民合理对价。随着我国工业化和城镇化进程的加快，征用农村土地成为了扩大城市规模的主要途径。然而由于我国土地公有制，现行土地补偿采用不完全补偿原则，公平失衡问题普遍存

在。征地问题付给农民的不是价格，只是补偿且是不完全补偿，农民丧失了最后的生产资料，却没有获得相应的价格。再加上我国社会保障对农民覆盖较少，以及农民由于文化、技能等限制取得城市户籍较为困难，不仅加大了我国农村贫穷人口数量，还阻碍了我国城镇化进程发展，增加了社会不稳定因素。解决公平失衡问题，完善土地政策必不可少。

4. 逐步放开城乡人口流动限制，降低户籍作用功能，逐步消除城乡二元结构

现行的城乡二元户籍制度的弊端在于限制迁徙自由和各种资源倾向城市而隔离农村，这造成了利益向非农业人口倾斜、农民成为"二等公民"等诸多问题，不利于社会安定和经济发展。

加快户籍制度改革，是推进中国特色新型城镇化的一项重大任务，也是消除城乡二元结构的重大举措。政府应逐步放开城乡人口流动限制，降低户籍的限制作用，把有能力在城市稳定生活、就业的城镇人口市民化。此外，还要建设覆盖城乡的社会保障制度，分离户籍与社会保障、公共服务的联系，逐步消除城乡二元结构，调节城乡居民待遇失衡问题。

（五）金融公平

资本本身并无人格属性，当资本的逐利本能寄托于具体的人时，就会产生巨大的道德效应不确定性，有的人正常逐利，有的人会露出血腥的嘴脸。金融作为资本配置的重要工具，其社会功能日益被重视，通过金融资源合理配置促进和实现社会公平已经成为金融发展的重要价值导向。金融不能失去公平正义的底线而沦为逐利的工具，要通过自身的配置作用将资本放在合适的"笼子"里。

1. 加大农村金融支持力度

与城市金融对比来看，农村金融存在融资难、融资贵、综合金融服务供给不

足等诸多问题。虽然自 2003 年起，政府出台了一系列措施试图系统性地解决农村金融问题，但农民和农村企业融资困难的现象并未从根本上得到改变。

加大农村金融支持力度，首先，要深化涉农金融机构改革。从内部治理上，要完善内部管理机制；在人力资源管理上，要加大人才引进力度、培养并留住高级管理人员；在战略上，应实施战略转移，支持农村龙头企业、乡镇企业及涉农企业的快速发展。

其次，要进一步健全政策性金融体系，建立政府主导下的民间借贷和金融服务体系。政府及监管当局应合理布局农村金融机构，平衡大型商业银行、村镇银行、农村商业银行、小额信贷公司和其他金融机构，增加农村金融机构服务的针对性。此外，建立金融市场非歧视性准入准则，鼓励民营金融机构服务农村金融市场，增加竞争，提升农村金融服务效率。

最后，加强风险管控工作。由于农村金融机构的服务对象是农民，他们的收入、文化水平较城市居民相对较低，因此偿还贷款延误的现象时有发生，导致农村金融不良贷款率较高。应加强风险管控工作，建立风险评估和预警指标体系，设立违约贷款损失拨备基金，保障金融机构权益，帮助涉农金融机构降低经营风险。

2. 解决小微企业融资难问题

小微企业融资难是金融不公平的体现，不仅抑制了小微企业的成长，也使金融行业错失了广阔的市场空间。小微企业融资难究其原因在于信息不对称、融资渠道单一等问题。由于信息不对称，银行缺少了解小微企业真实财务状况的有效渠道，增加了信贷审核的难度及成本，影响了金融机构对小微企业放贷的积极性。而对于小微企业来说，银行贷款仍是其主要融资资金来源，较低的贷款申请批复率及单一的融资渠道抑制了小微企业发展。

首先，建立健全小微企业信息平台。小微企业信息平台的建立有助于加强政、银、企的有效沟通，方便银行及政府机构掌握企业真实数据，降低贷前审查及贷后监管难度和成本，减少信息不对称带来的逆向选择及道德风险问题，提升金融机构对小微企业的放贷积极性。企业信息平台应充分与个人征信平台连接，实现信息资源共享，方便金融机构查询企业及法人代表、管理者的过往履约记录，从而更好地判断企业履约概率，以采用合适风险应对措施。

其次，完善抵质押物管理制度。银行出于风险把控目的，往往要求企业提供抵质押物，然而小微企业由于规模小、资产少，较难满足银行抵质押物的要求，构成其融资难的主要原因之一。建议放松抵质押物管理制度，对于小微企业，除土地、厂房、机器设备等常见抵押物外，在途货物、应收账款、仓单等流转中的物资、凭证也可作为其信用担保的工具。当然这中间需要例如供应链等技术和大数据风控措施的支持。近日，由中央财政发起、联合多家金融机构共同设立的融资担保基金，旨在增强融资担保机构实力，缓解小微企业和"三农"等融资难题。融资担保基金的设立是政府层面联合金融资本促进金融公平的有益尝试。

3. 鼓励金融创新，改善金融结构，例行普惠金融，加大金融反欺诈的行政来源投入

金融说到底是一种工具，科技创新和结构改善可以提高金融工具的效率，使其惠及更多的人群和企业，提高金融公平。而普惠金融则是对贫穷人口、地区和行业的直接倾斜，已成为现代市场经济条件下缩小收入差距、促进社会和谐的重要手段。

第一，金融创新应紧跟科技进步。以智能化和区块链引领的新科技对金融业的渗透显而易见。智能投顾、征信、风控、身份验证、客服等都是智能化在金融业运用的实例。多家银行已尝试使用区块链技术，应用于扶贫、信贷、清算、供应链金融等领域。对于银行业而言，区块链的意义在于，其公开透明、不可篡改的特性相当于提供了基于技术的新型信用，有利于增加交易透明度、打击欺诈。但是，区块链在银行业的推广并不容易。只有银行普遍应用了区块链技术，交易才能真正实现高效，但是目前大部分银行的应用都限于试验或内测。

第二，金融创新不能突破原理、加剧分化。金融科技是科技在金融领域的运用，是金融服务的创新。金融科技并不是一个从天而降、从金融行业外部突然冒

出来的特殊领域，追根溯源，可以说是过去数十年金融机构不断进行大规模 IT 投资而催生的领域。对于商业银行来讲，更多的还是运用现有的技术，突破它运用的范围。而不要去幻想突破各种原理，企图在金融里面可以创造出一套跟一般原理不一样的东西，这是非常危险的。另外，新科技发展在提高效率的同时，可能会拉大贫富差距。比如智能化使社会财富向资本和在智能、金融等领域就业的高端人群聚集，大量的非高端产业人群受到就业冲击和财富分化，因此要合理引导金融科技发展，使金融科技的发展惠泽广大群众。

第三，改善金融结构。过去，中国85%的企业融资来自银行，然而现如今需要创新创业技术进步。创新创业是高风险活动，而银行的资金来自存款，有控制风险的需求，因此银行主导的金融结构需要改变。建议进一步发展多层次的资本市场，鼓励创投基金、私募股权投资、基金等直接融资发挥更大作用。除此之外，我国资本市场普遍缺乏耐心，政府应在培养投资者耐心、提供相关政府支持、率先进行技术长期投资等方面有所加强。

第四，例行普惠金融。十几年来我国政府一直致力于发展普惠金融，取得了令世人瞩目的成果。一方面使以前不被覆盖的低收入人群被纳入金融服务范围，另一方面降低了金融服务交易成本，对缩小贫富差距促进社会公平起到了积极作用。然而，普惠金融的发展始终囿于获客成本高和风险难控等问题。数字技术的运用，特别是有场景的移动终端和大数据分析，为解决这些难题提供了可能的方案。如果在有效控制风险的前提下，大力推进数字金融在各个领域的落地，有可能会推动一些革命性的变化。

第五，加大金融反欺诈的行政来源投入。金融科技的发展一方面促使着传统金融行业转型、切实推动健全了金融市场，另一方面也滋生了多种新型诈骗手段。因此，在鼓励金融创新的同时，政府也应加大对金融反欺诈的行政投入，应用大数据、人工智能等前沿技术，在网络支付、供应链金融、消费金融等诸多金融场景提高数字反欺诈能力。

（六）谨防民粹主义抬头

在社会贫富差距拉大、社会公平失衡时，社会治理者除了应及时采取适宜的税收政策、进行一定程度的制度调整外，还应谨防民粹主义抬头。

民粹主义也称平民主义，意指平民论者所拥护的政治与经济理念。该理念拥护平民掌控政治，反对精英或贵族掌控政治。其基本精神是以维护平民的利益为由而反对权威，为此不惜采用任何手段（刘建飞，2012）。民粹主义让人民相信自己才是正确的，现代民主体制普遍带有民粹主义特征。然而民粹主义极易走向极端，人民失去了制约，民粹主义就会演变成暴民政治，这种极端方式及思维是极其危险的。

极端民粹主义的危害远不止此，弗朗西斯·福山（Francis Fukuyama，2011）认为，"民粹主义的问题并不在于它刻意迎合民众的心理，而在于它所提供的短期方案实际上会损害穷人的长远发展"。短期来看，民粹主义或可以缓解社会贫富失衡问题，然而长远来看，民粹主义的觉醒会让共同游戏规则的制定和执行陷入困境。委内瑞拉的危机就拜查韦斯时代的民粹主义盛行所赐。委内瑞拉资源丰富、地理位置优越，理应繁荣富饶，然而如今却是世界上通货膨胀、暴力犯罪最严重的国家之一。委内瑞拉的巨大贫富差距滋生了民粹主义，民粹主义者打着高福利的旗帜，只顾公平罔顾效率，背离了市场经济法则和价值规律，导致国家一片混乱，不仅穷人更穷，中等收入者也受到致命打击。

当下，我国正处在实现民族复兴的关键时期，经济的飞速发展使整个社会面临前所未有的变革，社会贫富差距失衡，人民矛盾愈加复杂，这为民粹主义的大行其道提供了社会基础。要谨防民粹主义抬头，因为看似为人民好，尤其是为穷人好的民粹主义往往成为别有用心者利用的工具，最终会彻彻底底伤害人民，尤其是穷人的利益。

（七）合理调节民主法治下的预期

当社会贫富差距失衡时，政府在完善税收等立法的同时，应引导公众舆论，合理调节民众对社会整体的预期。

研究表明，媒体语录显著驱动公众预期（张成思、芦哲，2014）。在贫富差距较大时，社会处于高风险状态，如若媒体舆论不当，则会错误引导民众对整个社会的预期，甚至加大不满情绪，造成负面舆论的爆发，极易引发社会恐慌、民粹主义盛行。

近年来食品安全案件频发，从三聚氰胺事件开始，民众对社会事件的关注与日俱增。然而每每政府介入调查，结论往往轻描淡写，大事化小、小事化无，且理由蛮横，荒唐可笑。有的地方政府甚至动用司法公器对批评企业的所谓"负面舆论"进行网络封杀，甚至搞出跨省抓捕批评者的丑陋闹剧。近来长生疫苗事件虽有改观，但对众多自媒体文章的封杀、对官媒的大肆正面宣传在某种意义上也显现出了民众对主流媒体信任感的缺失。

因此，政府应重新建立民众对官媒的信任感，正确引导媒体舆论，合理调节民主法治下的预期。同时着力提高公众自身的媒介素养，用客观态度识别虚假消息、正确认识负面舆论。

参考文献

[1] 白雪梅，李莹．教育对中国居民收入的影响分析——基于分位数回归和收入分布的考察 [J]．财经问题研究，2014（4）：11-18.

[2] 蔡扬波，王栋．当前我国贫富差距主要表征、成因及其破解 [J]．理论导刊，2012（7）：38-40.

[3] 曹森．宗教视野下的经济行为分析 [J]．经济视角，2011（5）：105-106.

[4] 常世旺，杨德强．贫富差距调节与税制结构优化 [J]．财政研究，2011（8）：29-32.

[5] 钞小静，沈坤荣．城乡收入差距、劳动力质量与中国经济增长 [J]．经济研究，2014（6）：30-43.

[6] 陈斌开．收入分配与中国居民消费——理论和基于中国的实证研究 [J]．南开经济研究，2012（1）：33-49.

[7] 陈池波，张攀峰．新型社会保障、收入类型与农村居民消费——基于截

面数据的经验分析［J］．经济管理，2012（2）：175-182.

［8］陈惠雄．既定收入条件下消费者支出均衡的决定［J］．中国工业经济，2016（4）：5-21.

［9］陈立旭．论文化的超越性功能［J］．中国社会科学，2000（2）：14-23.

［10］陈其进．风险偏好对个体收入的影响——来自中国城镇劳动力市场的证据［J］．南方经济，2015（8）：92-106.

［11］陈伟国，樊士德．金融发展与城乡收入分配的库兹涅茨效应研究：基于中国省级面板数据的检验［J］．当代财经，2009（3）：44-49.

［12］陈文通．我国居民贫富差距过大的原因和对策［J］．科学社会主义，2011（4）：101-106.

［13］储德银，黄文正，赵飞．地区差异、收入不平等与城乡居民消费［J］．经济学动态，2013（1）：46-52.

［14］崔海燕，杭斌．收入差距、习惯形成与城镇居民消费行为［J］．管理工程学报，2014（3）：135-140.

［15］董秀良，曹凤岐．基于马尔科夫转换模型的城镇居民消费行为研究［J］．经济管理，2009（12）：8-13.

［16］董志强，魏下海，汤灿晴．人口老龄化是否加剧收入不平等？——基于中国（1996-2009）的实证研究［J］．人口研究，2012，36（5）：94-103.

［17］杜吉国．黑龙江省人口迁移对经济社会发展的影响［D］．吉林大学，2013.

［18］段忠桥．当前中国的贫富差距为什么是不正义的？——基于马克思《哥达纲领批判》的相关论述［J］．中国人民大学学报，2013，27（1）：2-14.

［19］高虹．城市人口规模与劳动力收入［J］．世界经济，2014（10）：145-164.

［20］耿德伟．中国城镇居民个人收入差距的演进——一个基于组群视角的分析［J］．管理世界，2014（3）：66-74.

［21］顾纯磊，赵锦春．收入分配不平等、生育率与劳动生产率——兼论低

生育率下我国的长期经济增长 [J]. 山西财经大学学报，2015，37（11）：1-15.

[22] 关爱萍，葛思羽. 劳动力流动对区域收入差距的影响：2000-2015年 [J]. 人文杂志，2017（10）：54-66.

[23] 关爱萍，李静宜. 人力资本、社会资本与农户贫穷——基于甘肃省贫穷村的实证分析 [J]. 教育与经济，2017（1）：66-74.

[24] 郭熙保. 从发展经济学观点看待库兹涅茨假说——兼论中国收入不平等扩大的原因 [J]. 管理世界，2002（3）：66-73.

[25] 国务院研究室课题组. 关于城镇居民个人收入差距的分析和建议 [J]. 经济研究，1997（8）：3-10.

[26] 韩松. 新型城镇化中公平的土地政策及其制度完善 [J]. 国家行政学院学报，2013（6）：49-53.

[27] 杭斌，修磊. 收入不平等、信贷约束与家庭消费 [J]. 统计研究，2016（8）：73-79.

[28] 何爱平. 发展中国家灾害经济的特点、成因及对策 [J]. 灾害学，2000（2）：91-96.

[29] 何刚. 论我国税制调节收入及财富差距职能的弱化与不完全 [J]. 商场现代化，2007（11）：353.

[30] 胡联合，胡鞍钢，徐绍刚. 贫富差距对违法犯罪活动影响的实证分析 [J]. 管理世界，2005（6）：34-44.

[31] 胡霞. 收入结构对中国城镇居民服务消费的影响分析——基于不同收入阶层视角 [J]. 岭南学刊，2017（3）：108-115.

[32] 黄嘉文. 收入不平等对中国居民幸福感的影响及其机制研究 [J]. 社会，2016（2）：123-145.

[33] 黄泰岩. 收入差距·贫富差距·生活差距 [J]. 理论前沿，1997（19）：21-21.

[34] 黄小明. 收入差距、农村人力资本深化与城乡融合 [J]. 经济学家，2014，1（1）：84-91.

［35］黄泽清．金融化对收入分配影响的理论分析［J］．政治经济学评论，2017（1）：162-185.

［36］鞠方，雷雨亮，周建军．房价波动、收入水平对住房消费的影响——基于 SYS-GMM 估计方法的区域差异分析［J］．管理科学学报，2017（2）：32-42.

［37］李军，冉志．我国贫富差距的社会原因分析——以社会转型为背景的解析［J］．西南师范大学学报（人文社会科学版），2004（4）：2-5.

［38］李亮．房地产财富与消费关系研究新进展［J］．经济学动态，2010（11）：113-119.

［39］李颖．当前我国贫富差距拉大原因的"市场根源论"辨析［J］．经济问题，2010（1）：45-49.

［40］廖海亚．收入水平对人口发展的影响研究［D］．西南财经大学，2012.

［41］廖信林，王立勇，陈娜．收入差距对经济增长的影响轨迹呈倒 U 型曲线吗——来自转型国家的经验证据［J］．财贸经济，2012（9）：109-116.

［42］刘鹤．两次全球大危机的比较研究［M］．北京：中国经济出版社，2013.

［43］刘华军，张权，杨骞．中国高等教育资源空间分布的非均衡与极化研究［J］．教育发展研究，2013（9）：1-7.

［44］刘辉煌，李峰峰．动态耦合视角下的收入分配、消费需求与经济增长［J］．中国软科学，2013（12）：58-67.

［45］刘建飞．民粹主义：一个不可忽视的挑战［N］．中国青年报，2012-12-05（2）．

［46］刘思嘉．金融发展与城乡收入差距关系研究［J］．金融经济，2017（1）：158-159.

［47］刘喆．从贫富差距现状看我国社会政策的缺位［J］．社会科学研究，2012（4）：97-101.

［48］刘志英．社会保障与贫富差距研究［D］．武汉大学，2004.

［49］鲁春义．基于 VAR 模型的中国金融化、垄断与收入分配关系研究

[J]．经济经纬，2014（1）：142-148.

[50] 鲁春义．垄断、金融化与中国行业收入分配差距［J］．管理评论，2014（11）：48-56.

[51] 罗楚亮．绝对收入、相对收入与主观幸福感——来自中国城乡住户调查数据的经验分析［J］．财经研究，2009，35（11）：79-91.

[52] 马丁·雅克．新自由主义的死亡与西方政治危机［J］．世界社会主义研究，2017（1）.

[53] 马海涛，姜爱华．个人收入分配差距拉大的原因分析及对策［J］．财政研究，2003（7）：39-41.

[54] 马戎．经济发展中的贫富差距问题——区域差异、职业差异和族群差异［J］．北京大学学报（哲学社会科学版），2009（1）：116-127.

[55] 孟凡礼，谢勇，赵霞．收入水平、收入感知与农民工的留城意愿［J］．南京农业大学学报（社会科学版），2015（6）.

[56] 潘淑敏．流动人口综合治理现存问题及对策［D］．上海交通大学，2007.

[57] 彭定赟，陈玮仪．基于消费差距泰尔指数的收入分配研究［J］．中南财经政法大学学报，2014（2）：30-37.

[58] 戚杰强，谭燕瑜．我国城市居民的收入水平对其婚姻状况的影响——以广西的抽样调查为例［J］．西北人口，2008，29（1）：35-37.

[59] 钱满素．自由的阶梯：美国文明札记［M］．北京：东方出版社，2014.

[60] 任保平，王蓉．经济增长质量价值判断体系的逻辑探究及其构建［J］．学术月刊，2013（3）：88-94.

[61] 单德朋．教育效能和结构对西部地区贫穷减缓的影响研究［J］．中国人口科学，2012（5）：84-94.

[62] 沈萍，朱春奎．中国居民收入差距研究文献综述［J］．中共宁波市委党校学报，2009（1）：56-61.

[63] 孙凤，易丹辉．中国城镇居民收入差距对消费结构的影响分析［J］．统

计研究，2000（5）：9-15.

[64] 孙梦洁，韩华为. 自然灾害对农户收入差距的影响研究——以汶川地震为例 [J]. 安徽工业科学，2013（9）：4118-4122.

[65] 田应奎. 缩小贫富差距的科学性和现实性评估 [J]. 改革，2011（6）：34-40.

[66] 童光荣，罗婵. 教育对不同群体收入差距的影响——基于 CHNS 1989-2011 年数据的实证研究 [J]. 经济与管理，2017，31（1）：30-37.

[67] 汪国华. 从熟人社会到陌生人社会：城市离婚率趋高的社会学透视 [J]. 新疆社会科学（汉文版），2006，23（5）：5-9.

[68] 汪敏，陈浩，陈东. 金融分权对中国民间投资的空间溢出效应 [J]. 山西财经大学学报，2017（1）：40-54.

[69] 王继元，郑利敏. 论缩小贫富差距与构建和谐社会 [C] //政府改革与行政能力建设研讨会论文集，2005.

[70] 王力. 我所理解的《21世纪资本论》 [J]. 当代经济，2017（2）：150-153.

[71] 王明婷，赵夏辉. 收入不平等对家庭离婚率的影响分析——基于中国省级面板数据的实证分析 [J]. 纳税，2017（9）.

[72] 王韧. 中国城乡收入差距变动的成因分析：兼论"倒 U"假说的适用性 [J]. 统计研究，2006（4）：14-19.

[73] 王询. 文化传统与组织经济 [M]. 大连：东北财经大学出版社，2007.

[74] 王渊，杨朝军，蔡明超. 居民风险偏好水平对家庭资产结构的影响——基于中国家庭问卷调查数据的实证研究 [J]. 经济与管理研究，2016，37（5）：50-57.

[75] 魏丽华. 财富分配差距对区域协同发展的影响——基于京津冀与"长三角"比较的视角 [J]. 河北学刊，2017（4）：132-138.

[76] 温铁军，郎晓娟，郑风田. 中国农村社会稳定状况及其特征：基于 100村 1765 户的调查分析 [J]. 管理世界，2011（3）：66-76.

［77］吴福象，葛和平．资本占有量差异、收入机会不平等与财产性收入增长——基于扩大贫富差距的机制分析和实证检验［J］．湘潭大学学报（哲学社会科学版），2014，38（6）：44-49.

［78］吴锟，吴卫星，蒋涛．贫富差距、利率对消费的影响研究——基于财富效应的视角［J］．管理评论，2015（8）：3-12.

［79］吴向鹏，高波．文化、企业家精神与经济增长——文献回顾与经验观察［J］．山西财经大学学报，2007（6）：74-80.

［80］吴跃．广西金融发展与城乡居民收入差距关系的实证研究［J］．区域金融研究，2011（8）：27-30.

［81］项益才．我国现阶段贫富差距的经济学分析［J］．企业经济，2011（9）：127-129.

［82］谢瑞巧．居民预期与消费行为的实证分析［D］．福建师范大学，2003.

［83］谢新明，青继福，张国先．公平税赋黄土地——四川省南江县农村税收征管改革［J］．中国财政，1999（4）：28-29.

［84］新华社．全球社会治理：以人民利益为根本出发点［EB/OL］．http：//www.xinhuanet.com/globe/2017-11/01/c_136717152.htm，2017-11-01/2018-7-18.

［85］邢占军．我国居民收入与幸福感关系的研究［J］．社会学研究，2011（1）：196-219.

［86］熊晟欣，孙连杰，何鹏玲．造成我国贫富差距过大的文化原因研究［J］．漯河职业技术学院学报，2011（4）：50-53.

［87］徐广路，沈惠璋．经济增长、幸福感与社会稳定［J］．经济与管理研究，2015（11）：3-11.

［88］许家军，葛扬．收入差距对我国房地产财富效应的影响［J］．现代经济探讨，2011（3）：84-87.

［89］颜色，朱国钟．"房奴效应"还是"财富效应"？——房价上涨对国民消费影响的一个理论分析［J］．管理世界，2013（3）：34-47.

［90］阳义南，章上峰．收入不公平感、社会保险与中国国民幸福［J］．金融研究，2016（8）：34-50.

［91］杨春学．如何压缩贫富差距？——美国百年历史的经验与教训［J］．经济学动态，2013（8）：4-13.

［92］杨楠，孙元欣．贫富差距、债务经济与金融危机——基于资产分布视角的美国金融危机成因探讨［J］．经济管理，2010（1）：1-8.

［93］杨晓锋，赵宏中．人力资本分布结构、收入差距与经济增长后劲［J］．软科学，2013，27（12）：80-84.

［94］姚耀军．金融发展与城乡收入差距关系的经验分析［J］．财经研究，2005（2）：49-59.

［95］尹恒，龚六堂，邹恒甫．收入分配不平等与经济增长：回到库兹涅茨假说［J］．经济研究，2005（4）：17-22.

［96］尤克文，王婷婷．发展文化产业对缩小贫富差距的影响［J］．重庆科技学院学报（社会科学版），2008（6）：54-55.

［97］余华义，王科涵，黄燕芬．中国住房分类财富效应及其区位异质性——基于35个大城市数据的实证研究［J］．中国软科学，2017（2）：88-101.

［98］俞娟．收入满足度与婚姻关系的城乡比较分析——基于2007年10月上海与河南收入满足度问卷调查数据［D］．上海师范大学，2009.

［99］原鹏飞，冯蕾．经济增长、收入分配与贫富差距——基于DCGE模型的房地产价格上涨效应研究［J］．经济研究，2014（9）：77-90.

［100］岳昌君，刘燕萍．教育对不同群体收入的影响［J］．北京大学教育评论，2006，4（2）：85-92.

［101］曾飞，黄维德．收入和幸福间关系研究［J］．华东经济管理，2006，20（7）：154-158.

［102］张成思，芦哲．媒体舆论、公众预期与通货膨胀［J］．金融研究，2014（1）：29-43.

［103］张冲，王学义．人口流动、城镇化与四川离婚率的上升［J］．天府新

论, 2017（1）：119-127.

　　[104] 张凤林 . 制度研究的新视角：文化传统的作用与影响 [J]. 财经问题研究, 2000（4）：78-80.

　　[105] 张会平 . 女性家庭经济贡献对婚姻冲突的影响——婚姻承诺的调节作用 [J]. 人口与经济, 2013（5）：19-23.

　　[106] 张凯妮, 燕小青 . 金融发展与城乡收入分配差距关系——基于规模与结构视角 [J]. 科技与管理, 2017（1）：62-67.

　　[107] 张五六 . 物价、利率与收入对居民消费需求影响研究——基于时变参数状态空间模型 [J]. 数理统计与管理, 2010（4）：662-669.

　　[108] 张益群 . 自然灾害因素与蒙古民族相关崇拜刍议 [J]. 职大学报, 2012（5）：80-83.

　　[109] 赵昕东, 李林 . 家庭经济因素和人口特征如何影响不同收入等级城镇居民消费 [J]. 数理统计与管理, 2016（6）：1076-1085.

　　[110] 赵新宇, 范欣, 姜扬 . 收入、预期与公众主观幸福感——基于中国问卷调查数据的实证研究 [J]. 经济学家, 2013（9）：15-23.

　　[111] 周广肃, 樊纲, 申广军 . 收入差距、社会资本与健康水平——基于中国家庭追踪调查（CFPS）的实证分析 [J]. 管理世界, 2014（7）：12-21.

　　[112] 周靖祥, 王贤彬 . 城乡居民消费差异与收入不平等研究——来自中国1978-2007 年的经验证据 [J]. 投资研究, 2011（8）：130-148.

　　[113] 朱小黄, 孙伟, 王丹, 等 . 智能社会的经济学困境及其化解 [J]. 宏观经济管理, 2018（5）.

　　[114] 邹红, 喻开志 . 劳动收入份额、城乡收入差距与中国居民消费 [J]. 经济理论与经济管理, 2011（3）：45-55.

　　[115] Banerjee A V, Newman A F. Occupational Choice and the Process of Development [J]. Journal of Political Economy, 1993, 101（2）：274-298.

　　[116] Beck T, Demirguc-Kunt A, Levine R. Finance, Inequality, and Poverty：Cross-country Evidence [R]. Massachusetts：National Bureau of Economic Research,

2004：199-229.

[117] Bobonis G J, Carpena-Méndez J, Di J, et al. Income Transfers, Marital Dissolution and Intra-Household Resource Allocation：Evidence from Rural Mexico [R]. University of California at Berkeley Working Paper, 2004.

[118] Bonin H, Dohmen T, Falk A, et al. Cross-sectional Earnings Risk and Occupational Sorting：The Role of Risk Attitudes [J]. Labour Economics, 2007, 14 (6)：926-937.

[119] Chang, H. Consumption Inequality Between Farm and Nonfarm Households in Taiwan：A Decomposition Analysis of Differences in Distribution [J]. Agriculture Economics, 2012, (5)：487-498.

[120] Clarke G, Xu L C, Zou H F. Finance and Income Inequality：Test of Alternative Theories [J]. World Bank Policy Research Working Paper, 2003, 72 (3)：578-596.

[121] Dahan M, Tsiddon D. Demographic Transition, Income Distribution, and Economic Growth [J]. Journal of Economic Growth, 1998, 3 (1)：29-52.

[122] Ghatak M, Jinag N N. A Simple Model of Inequality, Occupational Choice, and Development [J]. Journal of Development Economics, 2002, 69 (1)：205-226.

[123] Greenwood J, Jovanovic B. Financial Development Growth and the Distribution of Income [J]. The Journal of Political Economy, 1990, 98 (5) ：1076-1107.

[124] Guest R, Swift R. Fertility, Income Inequality, and Labour Productivity [J]. Oxford Economic Papers, 2008, 60 (4)：597-618.

[125] Hsee C K, Yang Y, Li N, et al. Wealth, Warmth, and Well-Being：Whether Happiness Is Relative or Absolute Depends on Whether It Is about Money, Acquisition, or Consumption [J]. Journal of Marketing Research, 2009, 46 (3)：396-409.

[126] Jin Y, Li H, Wu B. Income Inequality, Consumption, and Social-Status

Seeking [J]. Journal of Comparative Economics, 2011, 39 (2): 191-204.

[127] Kentor J. The Long Term Effects of Globalization on Income Inequality, Population Growth, and Economic Development [J]. Social Problems, 2001, 48 (04): 435-455.

[128] Killewald A, Pfeffer F T, Schachner J N. Wealth Inequality and Accumulation [J]. Annual Review of Sociology, 2017, 43: 379-404.

[129] Kuznets S. Economic Growth and Income Inequality [J]. American Economic Review, 1955, 45 (1): 1-28.

[130] Olson J G, Mcferran B, Morales A C, et al. Wealth and Welfare: Divergent Moral Reactions to Ethical Consumer Choices [J]. Journal of ConsumerResearch, 2016, 42 (6): 879-896.

[131] Philipa A, Bolton P. A Theory of Trickle-down Growth and Development [J]. Review of Economic Studies, 1997, 64 (2): 151-172.

[132] Schaller J. For Richer, If Not for Poorer? Marriage and Divorce over the Business Cycle [J]. Journal of Population Economics, 2013, 26 (3): 1007-1033.